L'Inde Antique

PAR

Alfred LE DAIN

MEMBRE DE LA SOCIÉTÉ ASIATIQUE

LAURÉAT DE LA SOCIÉTÉ ETHNOGRAPHIQUE DE LA GIRONDE

PARIS

SOCIÉTÉ COOPÉRATIVE DES LETTRES ET DES ARTS

CHAMUEL, DÉPOSITAIRE GÉNÉRAL

79, rue du Faubourg-Poissonnière 79

1896

L'INDE ANTIQUE

OUVRAGES DU MÊME AUTEUR

L'Humanité, poème . . . .   3 fr. 50
La Linguistique vulgarisée . . . .   7 fr. 50

PETIT TRAITÉ

DE

MÉLODIE ET HARMONIE PRATIQUE

OU

L'Art d'apprendre à composer sans Maître. . .   2 fr. 50

Pour paraître prochainement :

Le premier livre de la Genèse. — Traduction littérale avec texte Hébreu, mot à mot, commentaires philologiques et exégèse.

'Inde Antique

Alfred LE DAIN

MEMBRE DE LA SOCIÉTÉ ASIATIQUE

RÉAT DE LA SOCIÉTÉ ETHNOGRAPHIQUE DE LA GIRONDE

PARIS

SOCIÉTÉ COOPÉRATIVE DES LETTRES ET DES ARTS

CHAMUEL, DÉPOSITAIRE GÉNÉRAL

79, rue du Faubourg-Poissonnière, 79

1896

AVANT-PROPOS

Jusqu'à la fin du xviiie siècle, l'Inde était
en quelque sorte ignorée des érudits en
Europe. Ses symboles religieux étaient méconnus ; ses travaux scientifiques niés ou
dédaignés ; ses splendides épopées non encore traduites ; ses systèmes philosophiques
qui embrassent tout ce que la pensée humaine a pu concevoir dans le monde, à peine
épelés par quelques chercheurs curieux de
nouveautés. Ils ne se doutaient pas alors que
l'Inde, *alma mater* de toutes les nations,
était la source vive inépuisable à laquelle

avaient puisé sans relâche les esprits d'élite de l'antiquité.

Et ironie du sort! démembrée, pillée, ravagée, conquise à tour de rôle, ayant servi de jouet aux conquérants les plus fameux, son sol sacré dévorait ses maîtres d'un jour; et forte de sa foi religieuse, de ses institutions séculaires, de ses mœurs et coutumes contre lesquelles le temps n'avait point de prise, l'Inde se dresse encore du milieu des empires dispersés dans la poussière, poursuivant le cours de ses destinées! Bien déchue, il est vrai, la pauvre nourricière du genre humain ; ne possédant plus que l'ombre d'un passé qui se perd dans la nuit des temps. Mais vivre est quelque chose, alors que tout a changé et s'est écroulé autour de vous; et ne dût-elle, avant de terminer sa longue carrière, que rattacher le présent au passé, en vulgarisant le haut enseignement de ses Brahmes pundits attachés à l'étude des innombrables manuscrits conservés intacts dans les pagodes du sud de l'Indoustan, que ce rôle dernier et bienfaisant lui mériterait à nouveau la reconnaissance du genre humain !

Depuis que l'on a commencé l'étude du sanscrit en Europe, et que, par cette étude, il a été reconnu, sans équivoque possible, que tous les idiomes européens se rattachaient à cette langue sacrée des Brahmes de l'Inde, grâce surtout aux premiers travaux des Wilson, William John, Colebrooke, Burnouf, Eichoff et de tant d'autres savants, on a pu reconstituer une partie des monuments littéraires de l'Inde.

La voie est ouverte. Mais ces hardis initiateurs ont eu leur champ d'action limité par leurs forces mêmes. L'Inde patriarcale et védique a été à peine effleurée par eux ; elle est riche pourtant en manuscrits qui attendent qu'on veuille bien les traduire.

S'il faut en croire les pundits du sud de l'Inde, les savants dont nous parlons plus haut, dans leurs diverses traductions, ne se seraient même pas servi du véritable sanscrit *Devanagari* (issu de la Divinité). C'est dire combien il reste à faire dans ces études sur l'Inde Antique.

Pour obtenir un résultat sérieux, il faudrait un plan d'ensemble rationnel, travailler avec suite, traduire sans relâche les innombrables manuscrits des œuvres de l'Inde, tant historiques que philosophiques, littéraires et artistiques. Le champ est vaste, immense : c'est une mine inépuisable. L'Europe occidentale y trouverait l'origine des diverses religions avec leurs mystères multiples, et cependant l'unité qui a présidé à leur création : couleurs variées d'un même sentiment, dont chaque peuple s'est orné, n'obéissant, pour les formes à prendre, qu'à son instinct particulier du dogme, le conservant intact dans les sanctuaires, loin des regards des profanes.

De telle façon, qu'après des milliers d'années écoulées, ces sanctuaires grandement ouverts, les anciens mystères récemment révélés nous initient à tout un monde d'idées dénotant une civilisation très peu en arrière de la nôtre, si elle ne la dépasse souvent dans l'ordre psychologique. Car dans l'antiquité, on étudiait les phénomènes de la volonté ; on leur donnait la priorité sur ceux inhérents à la matière ; et ces études poursuivies dans le silence des temples par les Brahmes, au milieu d'un cercle d'initiés, avaient atteint un tel degré de perfection, que ceux qui possédaient la science, la véritable, avaient assujetti certaines lois physiques de la nature aux lois morales de la volonté; en un mot, avaient fait de l'homme un créateur, en lui soumettant la matière. N'est-ce pas son véritable rôle sur le globe?

Ce n'est pas douteux, à la condition toutefois de ne pas perdre de vue le phare qui l'a éclairé jusqu'ici dans sa marche en avant. L'homme n'est digne de ce nom qu'en demeurant fidèle à ses fins, qui sont de pousser toujours plus loin vers l'idéal, seule raison d'être du progrès ici-bas.

Que l'on remonte par la pensée aux premières émigrations venues de l'Indoustan; n'obéissaient-elles pas à cet instinct providentiel, ces foules quittant les pentes ardues de l'Hymalaya, lorsqu'elles se déversaient comme un torrent sur tous les points du globe? S'imposant partout, parce qu'elles portaient dans leurs flancs les germes de la civilisation qui les avaient mises au monde, on les vit par masses séparées, à différentes époques, envahir d'abord l'Egypte, puis l'Asie mineure, la Grèce, pousser jusqu'au nord, en Scandinavie, puis s'arrêter enfin dans l'Europe occidentale sous le nom de

Celtes, de Slaves, de Germains. Partout où ils s'implantèrent, ils conservèrent les caractères de leur race, avec leur religion, leurs lois, leurs mœurs; et peu à peu, par la transformation opérée en toutes choses ici-bas, de nouvelles nationalités se dégagèrent, de nouveaux peuples surgirent; mais le point initial n'avait pas cessé de produire son effet. Une civilisation en marche avait essaimé en dehors de son foyer; on devait la retrouver plus tard, différenciée de son point de départ, mais conservant encore le caractère typique de son origine. Et il faut bien qu'il en soit ainsi, sans quoi le progrès n'existerait pas en ce monde. — L'humanité est une chaîne sans fin dont les anneaux formés par les nations dont elle se compose ne se brisent jamais complétement. Un peuple disparaît-il de l'arène où il combat, un autre lui succède, et le remplace dans la mêlée, pour succomber à son tour; et de proche en proche,

les idées, qui ne sont que les enjeux de ces
mêlées sanglantes, avancent et rayonnent
de toutes parts, de façon, que parallélisme
instructif, de même que les peuples qui ne
sont que les véhicules des idées, vont et
viennent, naissent et disparaissent, les idées
elles-mêmes suivent le même plan et conti-
nuent leur marche en avant.

Mais revenons à notre sujet. Les importants travaux de philologie comparée accom-
plis depuis une cinquantaine d'années au
plus, ont beaucoup aidé à élucider quelques-
unes des questions, objet de cette étude. Il
serait à souhaiter, pour hâter la traduction
des documents indispensables à un travail
d'ensemble de ces graves et intéressantes
questions, que l'on pût étudier le sanscrit
dans l'Inde même, sous la direction des
Brahmes pundits attachés aux pagodes, au
lieu de l'étudier à distance, comme on l'a
fait jusqu'ici. A portée des sources elles-

mêmes, les manuscrits originaux, compulsés
et mieux traduits, n'induiraient plus en erreur,
comme cela a eu lieu pour beaucoup de savants de cabinet, bien intentionnés sans doute,
mais qui ne sauraient avoir la prétention de
connaître, aussi bien que les héritiers des
anciens Brahmes, toutes les finesses d'une
langue admirable, sans rivale, qui n'est plus
parlée que par les seuls pundits, capables de
l'interpréter selon la tradition. Le sanscrit
n'a-t-il pas du reste donné naissance aux
idiomes de l'Occident. A ce titre, cette langue
mériterait de devenir classique, parmi nous,
aussi bien que le grec et le latin, puisque ces
deux dernières langues en dérivent directement.

Etablissons donc à Pondichéry, à Chander-
nagor, possessions françaises de l'Inde, des
écoles de sanscrit sur le mode de l'Ecole
d'Athènes qui a rendu de si grands services
à l'étude de l'Hellénisme. Ce serait un centre

d'études où convergeraient tous les travaux se rapportant à l'Inde Antique. En remontant à la source de ses origines, l'Occident y découvrirait des aperçus nouveaux imprévus, de nature à l'éclairer sur beaucoup de questions jusqu'ici demeurées incertaines ou obscures.

Cette idée si simple, qui a réussi à merveille pour l'étude de la Grèce et de l'Egypte, viendra-t-elle un jour à nos gouvernants ? Osons l'espérer ; et alors, les voiles dont l'Inde Antique s'est enveloppée jusqu'à nos jours, seront déchirés ; et la pure lumière de la vérité éclairera le monde à nouveau.

Dans l'état actuel de la science, les études grammaticales sanscrites sont terminées ; les grandes épopées de l'Inde traduites ; les lois de Manou codifiées dans leurs lignes principales, mais demandant à être expurgées des interpolations intéressées des Brahmes, au cours des âges, ainsi que des erreurs com-

mises par les traducteurs récents de manuscrits fautifs venus de l'Inde du Nord, du Bengale.

Ce point est important et mérite qu'on s'y
arrête.

Lors des invasions mongoles, dans le nord
de l'Indoustan, les conquérants détruisirent
toutes les pagodes, anéantirent tous les livres
et manuscrits relatifs au culte des Brahmes;
et par simple tolérance, permirent au natif
indou l'exercice de ses devoirs religieux, à
l'intérieur seulement de son foyer domestique. Et cet état de choses dura tant que la
domination musulmane pesa sur cette malheureuse contrée. Quelques souverains, dans
les derniers temps, se relâchèrent bien un
peu de ces rigueurs draconiennes, mais on
peut dire qu'en fait, jusqu'à la conquête an-
glaise, l'Inde du Nord avait perdu la tradition
de ses dogmes et rites religieux. Il fallut donc
faire appel aux Brahmes de l'Inde du Sud

pour avoir la traduction exacte des manuscrits parlant des choses sacrées. Les Musul-
mans de la conquête, répétons-le, avaient
fait table rase dans l'Inde du Nord. Tout
avait été détruit : monuments, livres, institutions politiques et religieuses.

A la venue des Anglais dans ce pays,
les Indous respirèrent un peu et com-
mencèrent à reconstituer, non leur édifice
politique, mais leur édifice religieux très
compromis. Ils eurent recours aux Brahmes
du sud, qui leur vinrent en aide et leur en-
voyèrent des copies des livres qui leur manquaient. Ces traductions, pour la plupart
faites à la hâte, furent fautives ; et lorsque les
Européens du Bengale se mirent à étudier le
sanscrit, ne possédant pas les originaux,
mais de simples copies non contrôlées, les
erreurs acquises se perpétuèrent et produisirent plus tard des controverses non encore
apaisées. A l'heure actuelle, les Brahmes du

sud reprochent aux Brahmes du nord de n'avoir pas conservé intactes les véritables traditions des livres sacrés : d'être dégénérés ; d'avoir dans leurs veines du sang étranger ; tandis qu'eux, n'ayant jamais été souillés par l'invasion mongole, n'ayant jamais quitté les rives du fleuve sacré, se trouvent maintenant les seuls représentants autorisés du Brahmanisme dans la presqu'île du Gange.

Puisque l'Inde du sud possède seule les traditions de son passé, il s'agit, si l'on veut aboutir, d'exhumer les vénérables manuscrits enfouis dans les pagodes, et qui remontent aux époques les plus reculées, si haut même que les savants, sceptiques par nature, ont cru devoir protester tout d'abord ; et il a fallu l'autorité d'un Halled et d'un Cicé de Pondichéry, savants de premier ordre, tous deux ayant vécu de longues années dans l'Inde, pour battre en brèche cette contre-vérité, lorsqu'ils sont venus attester, au grand ébahissement de leurs confrères d'Europe : « que la chronologie brahmanique de l'Inde est scientifique et mathématique ».

En effet, toutes les dates importantes de leur histoire sont basées sur des calculs astronomiques d'une exactitude absolue, que ne pourrait revendiquer, à un égal degré, aucune autre chronologie du monde.

Combien il est plus facile de soutenir mordicus, et cela sans preuves, que l'histoire ancienne de l'Inde est fabuleuse, indéchiffrable, que de s'astreindre à un travail long, pénible, propre à porter la lumière dans les esprits les plus prévenus ! Beaucoup de savants n'y ont pas manqué, sauf quelques-uns déjà cités, et E. Burnouf en tête, qui n'a jamais cessé de recommander la marche en avant, toujours plus en avant, en démasquant les faux préjugés et la routine d'une certaine coterie officielle imbue d'un dogmatisme réfractaire au Progrès. Traduisez les vieux manuscrits non encore connus, ne cessait de répéter Burnouf; ils sont entre les mains des Brahmes pundits des pagodes du sud de l'Inde; là seulement ces manuscrits révélateurs donneront à ceux qui les compulseront de bonne foi, sans parti pris, la clef des mystères de l'Inde inexpliqués jusqu'ici.

Lorsque la Bibliothèque d'Alexandrie a été détruite, ce désastre a retardé l'essor de l'esprit humain de plusieurs milliers d'années. Il y a eu éclipse presque totale de connaissances durant de longs siècles. Eh bien ! les manuscrits non encore traduits et qui existent dans les pagodes du sud de l'Indoustan, et dont le nombre est légion, remplacent ce vide, puisqu'ils sont, pour la plupart, les originaux de ceux qui se trouvaient dans la Bibliothèque d'Alexandrie.

L'Inde, dans l'antiquité, rayonnait sur le monde connu d'alors. Aux effluves bienfaisantes de son génie, venaient puiser tous

ceux qui avaient soif de vérité ; par l'initiation
aux mystères, tous ceux qui sortaient purifiés
des sanctuaires remportaient chez eux, pour
les semer plus tard aux quatre vents du Ciel,
les germes précieux de l'Unité de Dieu dans
sa Trimourti sainte, les principes de Droit,
de Justice appelés à renouveler un monde
vieilli, par la création de nouveaux cieux et
d'une nouvelle terre ; enfin les connaissances
philosophiques, scientifiques, littéraires et
artistiques, l'honneur de la Grèce et de Rome ;
grands principes humanitaires, dont vit
encore notre Occident, et qu'il délaisse hélas !
trop souvent, pour un froid positivisme
ennemi des hautes envolées de l'Esprit.

« L'homme ne vit pas seulement de pain » :
sans la recherche de l'Idéal, toute civilisation
s'anémie, et par cela même est mort-née. Ne
l'oublions pas. Sans l'Idéal, le monde n'est
plus qu'une mécanique inconsciente, où
l'homme, simple appoint impersonnel, joue

le rôle infime de marionnette. Mais ce rôle dans l'humanité ne saurait être le sien. Le passé de l'Inde vient et doit lui rappeler de plus glorieuses destinées.

Ce qui a permis aux savants indianistes européens de porter un jugement erroné sur l'antiquité des récits historiques de l'Inde provient, avons-nous dit plus haut, de leur connaissance incomplète des questions traitées par eux. N'étant point en possession des manuscrits originaux, ils ont erré dans leurs appréciations, égarés qu'ils ont été par un semblant de preuves qui n'en étaient pas. Etudiant à distance, il n'en pouvait être autrement.

Si j'insiste sur ce point, c'est qu'il est important, et qu'il prime en quelque sorte le débat tout entier qui divise encore le monde savant, à l'heure actuelle, sur le caractère d'antiquité à assigner à la civilisation indienne.

La chronologie de l'Inde comporte à la fois l'erreur et la vérité.

En effet, il existe deux chronologies distinctes sur les faits et les événements de l'Inde antique : la première est fabuleuse, la seconde est scientifique et basée sur l'astronomie.

La première chronologie, rejetée par les savants Brahmes pundits et méprisée par eux, comme dénuée de toute certitude, n'est que le produit de l'imagination désordonnée de quelques poètes religieux qui a servi à la création de la cosmogonie et du panthéon Brahmaniques.

La seconde, au contraire, à laquelle il convient de s'arrêter, a pour base l'astronomie et, dès lors, est indiscutable. Cette dernière chronologie est cependant inconnue en Occident, si ce n'est par quelques rares savants : le savant Halled et Cicé, de Pondichéry, qui ont pu étudier et fouiller d'une main intelligente dans ces vastes dépôts philosophiques, littéraires et historiques qui nous ont été légués par l'Inde ancienne. Mais cette étude est tellement ardue par le nombre prodigieux de documents à compulser, présentant à la fois deux caractères, l'un symbolique et l'autre scientifique, qu'il faut, au préalable, les séparer et les dégager avant de faire la lumière sur les dates. Il faut en un mot recueillir l'or natif enfoui dans la gangue qui l'étreint de toutes parts et le dissimule, à dessein, aux yeux du vulgaire. Cela explique pourquoi jusqu'ici peu de savants ont eu le courage de s'appliquer à ces études de science pure, ardues et peu brillantes qui réclamaient du reste des connaissances techniques particulières : études peu faites pour intéresser le lecteur.

Quant à la chronologie fabuleuse mentionnée plus haut, un peu de bonne volonté aurait dû suffire pour faire justice des exagérations d'un système né d'un esprit d'orthodoxie religieuse poussé jusqu'à l'absurde. Les Brahmes savants ne font aucune difficulté de reconnaître que les théories scientifiques des védas et de Manou sont sans valeur. Ceux qui ne veulent point amoindrir l'autorité des livres saints prétendent simplement que la clef d'explication de ces passages obscurs est perdue. Aussi, peut-il paraître étrange que certains indianistes s'attardent encore à combattre une nomenclature de faits que le premier indou venu, tant soi peu lettré, rejette dans le domaine des fables théologiques. Lorsque les Brahmes étaient au pouvoir, en pleine possession de leurs privilèges politiques, leur intérêt de domination les poussait peut-être, à ce moment, à peser sur les masses par la propagation d'idées superstitieuses qui les assujettissaient au sacerdoce. Maintenant que leur rôle politique a totalement disparu dans la presqu'île du Gange, ils ne cachent plus la vérité comme autrefois. Ils avouent, sur leurs annales, tout ce qu'ils savent, sont les premiers à vous mettre sur la voie, lorsque vous errez; à vous indiquer les sources où vous devez aller chercher la certitude, à la condition toutefois que vous leur inspiriez pleine confiance; que par un prosélytisme de mauvais aloi, vous ne cherchiez pas, par des manœuvres déloyales, à subtiliser leur bonne foi, ainsi que messieurs de la propagande Biblique ont cherché maintes fois à le faire, dans le but de mettre au second plan, dans l'Inde, la prédication brahmanique, source avérée pourtant du christianisme; il n'y a plus à l'heure actuelle moyen de s'en dédire : c'est un fait indéniable.

N'a-t-on pas vu les membres de la Compagnie de Jésus dans l'Inde, aussi bien que les distributeurs de Bible, détruire tous les manuscrits indous tombés entre leurs mains, par la seule raison qu'ils contrariaient leur prédication, ou pour mieux dire l'annulaient.

En présence de ces méfaits, les Brahmes font bonne garde autour de leurs manuscrits, et ne les communiquent qu'à bon escient.

Avant de donner à cette étude tous les développements qu'elle comporte, qu'il nous soit permis, pour conclure ici, de présenter un extrait de la préface élémentaire de sanscrit de E. Burnouf et Leupol, à propos des richesses philosophiques, littéraires, artistiques et religieuses que renferme l'Inde ancienne. Nos idées sur ce sujet ne nous sont donc pas particulières : et, en les présentant, nous ne faisons que suivre les traces de maîtres vénérés, l'éternel honneur de la science française.

EXTRAIT :

« Puisse notre livre hâter, ne fut-ce que d'un jour, la reconnaissance officielle de la langue sanscrite et de la littérature indoue parmi les littératures et les langues classiques.

« Puisse-t-il enfin contribuer à la régénération de notre littérature nationale, en donnant moyen au public d'arriver à la pleine jouissance des hymnes, des épopées, des lois et des drames de l'Inde ; en commençant à populariser, au profit de la science et de l'art, de la morale peut-être, des livres et des noms aussi respectables que peu connus. Innovation féconde qui permettrait d'élargir simplement le cadre moderne où l'inspiration gréco-latine de nos pères a pu déjà placer tant de chefs-d'œuvre, dans lesquels le monde admire la gloire de la France.

« Beaucoup de Français aujourd'hui veulent étudier l'Orient et surtout l'Inde ; le public veut en connaître les idées religieuses, politiques, sociales, en un mot la civilisation.

« Des professeurs commencent à comprendre qu'à la suite de tant d'essais chimériques, il faut chercher dans le sanscrit presque seul les origines de nos langues anciennes et modernes.

« Les historiens entrevoient là un monde à découvrir, à peine signalé par les anciens, et dont les idées ont pourtant exercé une grande influence sur l'Orient.

« Les philosophes sentent déjà que, pour échapper à la routine des vieilles écoles, ils doivent remonter aux sources fécondes où l'Inde a puisé.

« Les artistes, s'ils ont effleuré le Levant, n'ont rien demandé au véritable Orient; mais le jour où ils l'auront abordé, ils y verront s'ouvrir une mine inépuisable de sujets nouveaux.

« Il en sera de même pour la peinture et la poésie.

« Que dirions-nous des hommes politiques, sinon qu'ils sont plus que personne intéressés à propager l'étude de l'Orient parce qu'ils représentent toutes les tendances et tous les besoins de notre époque.

« L'Eglise aussi a des missionnaires qui jusqu'ici n'ont point fait de prosélytes en Orient, faute de l'avoir connu ; il importerait donc aux évêques d'organiser puissamment l'étude du sanscrit dans les maisons où se forment les futurs propagateurs de la Foi. »

On le voit, l'Orient est un monde à découvrir.

CHAPITRE I

Origine des Indous. — Les Rutas

De toute antiquité, aussi loin que l'on remonte dans la nuit des âges, sur les versants des monts Himalaya qui font face, d'un côté, à la vallée de l'Indus, de l'autre, à la vallée du Gange ; dans ces vastes contrées qui, réunies, portent, de nos jours, le nom d'Indoustan, une race privilégiée entre toutes a vécu et prospéré : la race indienne.

Quelle est son origine? Selon les récits dignes de foi des savants Brahmes de l'Inde, la race indienne aborigène descendrait des *Rutas*, race primitive et antédiluvienne. Cette tradition est confirmée du reste par ce passage de Manou, législateur sacré de l'Inde, au Livre III : « Nos pères ont reçu des sages le nom de *vasyas*, nos ancêtres celui d'*adityas*, et les ancêtres de nos ancêtres, celui de *rutas*. »

L'hypothèse scientifique des savants de l'Occident qui placent le berceau de la race indienne, sous le nom d'*Arias*, dans la Bactriane, ne saurait donc être acceptée par une critique judicieuse.

En effet, le surnom d'*Arias* donné aux Indous est fautif de tous points. Ce surnom n'a pas un sens général, mais un sens particulier représentant une qualification. *Aria* en sanscrit se traduit par illustre ou excellent, d'où sont venues dans l'Inde, les appellations suivantes : Arya-Brahâmanan, illustre ou excellent brahme ; Arya-Gourou, illustre maître, etc. Comment appliquer dès lors cette qualification à l'universalité des membres composant une race entière? Cela n'est pas logique et a été la source de graves erreurs ethnologiques dont nous subissons encore l'influence en Occident, au point de vue de l'histoire et de la géographie.

Pour les Brahmes (prêtres de l'Inde), qui ont étudié et possèdent l'histoire de leur pays depuis les époques antédiluviennes jusqu'à nos jours, par une suite ininterrompue de traditions, il n'y a pas d'*Aryas*, mais des *Indous*, c'est-à-dire un peuple en possession d'une civilisation qui est née et s'est développée sur les bords du Gange et du Godavar, les deux fleuves sacrés de l'Indoustan.

Comme dernière preuve à l'appui de cette fausse application du mot *Arya* à la race indienne, si nous appelons à notre aide la philologie comparée et que nous l'appliquions à cet ordre d'idées, afin de préciser plus exactement notre démonstration, que découvrons-nous? Que chez le peuple grec, l'appellation d'une certaine catégorie de citoyens, voire même de simples particuliers, rappelle cette distinction d'éminence, de choix, attachée dans la société indoue, avant l'introduction des castes, aux hommes distingués, par de rares vertus; en un mot celle d'*Aria*. Voici ces appellations, similitudes curieuses, bonnes à retenir, dénotant sans conteste la filiation des deux peuples grec et indou, tous deux issus du même tronc, dont l'un en a été détaché à une époque déterminée de l'histoire universelle, ce que nous relatons plus tard au chapitre des émigrations indoues. Ces appellations prises au hasard n'ont pas besoin de commentaires : Aristo-cratie, Aris-tarque, Aris-tote, Aris-tophane, Aris-tide, Aris-tobule. Toutes ces appellations représentant exactement une qualité d'émi-nence, de choix, attachée, soit en général, soit en particulier à un groupe ou à de simples individualités.

Nous avons mentionné plus haut les *Rutas* comme étant les ancêtres des Indiens. Selon la légende ayant pour base les plus anciennes traditions, les *Rutas* auraient occupé, avant le dernier diluvium, toute l'Asie, et l'immense continent polynésien.

Cette hypothèse, à première vue audacieuse, si l'on s'en tient à nos chronologies écourtées, écho des racontars intéressés des adeptes de dogmes religieux qui ne sont plus en rapport avec la science, paraît, après mûr examen, assez vraissemblable, si l'on étudie avec soin tous les documents réunis en ces derniers temps sur un sujet palpitant d'intérêt.

La géologie, éclairée par la philologie com-parée, nous fournira les éléments propres à élu-

cider la grave question de l'antiquité de nos
origines. Qui l'emportera dans cette appréciation des faits, de la science des Brahmes affirmant, ou de la science moderne n'osant encore se prononcer ? La science historique des
Brahmes étant basée sur les calculs exacts de
l'astronomie, ses déclarations pourraient fort
bien n'être pas loin de la réalité. Aussi, pour
ne citer qu'un fait à l'appui de l'hypothèse qui
nous occupe : la présence des *Rulas* dans l'Inde
avant le dernier diluvium, les pandits Indiens
assignent à ce grand cataclysme la date de
30,000 ans environ, d'après des calculs astronomiques, alors que la Bible ne le fait remonter que 3,308 années avant Jésus-Christ, 1,555
ans tout au plus après la création du monde,
toujours en se conformant à la chronologie biblique. Ce qui ne donne pas 7,000 ans d'écoulés jusqu'à nos jours depuis l'apparition de
l'homme sur la terre ! Est-ce possible, alors
qu'à la suite du diluvium, les terrains boule-
versés, non consolidés encore, formaient d'immenses fondrières, des marais non interrompus,
alimentés, par surcroît, de cours d'eau en voie

de formation régulière ; alors que l'assiette des mers tendait à s'établir et cherchait un équilibre rompu à des distances énormes ?

Ne fallait-il pas assainir ces plaines boueuses et fétides d'ou émergèrent peu à peu, au fur et à mesure du lent retrait des eaux, les terrains montueux devant servir plus tard au repeuplement des continents dévastés ? Ce n'a pu être qu'après de longs siècles d'attente que les zones basses, rendues solides, ont pu servir d'habitation aux pauvres mortels si éprouvés, et que devait rendre prudents le souvenir terrifiant de la précédente catastrophe. Mais quoi ! la science officielle est réputée routinière à juste raison. La chronologie biblique placée sous la sauvegarde sacrée de la Divinité, il lui fallut compter avec l'enseignement orthodoxe ; et c'est ainsi qu'encore de nos jours, en présence de la science contemporaine qui rejette ces non-sens avec pitié, on enseigne toujours dans nos écoles des faits réputés faux, aux dates assignées, et l'intelligence de nos enfants, viciée à sa source même, se trouve asservie dès le plus bas-âge. Et si plus tard, parvenus à l'adolescence, ils cherchent à se dégager des liens dont on les a étreints, ce n'est qu'au prix parfois de profonds déchirements d'âme. En effet, si apprendre est relativement facile à qui est doué d'heureuses dispositions, combien plus difficile il est de désapprendre. Les forts y parviennent, mais les foules, la masse, n'y réussissent jamais.

Avant de poursuivre cette étude, et en présence du parti-pris de quelques érudits à repousser la chronologie des Brahmes-pundits de l'Inde comme défectueuse et non autorisée, il nous a paru indispensable de mettre en évidence la parfaite exactitude de leurs formules, par lesquelles ils parvenaient à préciser les faits mémorables de leur histoire, depuis les temps les plus reculés jusqu'à nos jours. Cette chronologie servant de point de départ, de base en quelque sorte à notre travail, la présenter comme inattaquable sera déblayer la voie, porter la lumière là où jusqu'ici n'ont régné que les ténèbres.

Dans notre avant-propos, nous avons déjà appelé l'attention sur ce fait capital, en mentionnant l'opinion favorable à cette thèse des savants indianistes Halled et Cicé de Pondichéry, tous deux ayant habité l'Inde durant de longues années, et dont les relations amicales avec les Brahmes de la région, relations précieuses pour leurs recherches scientifiques, leur ont permis de compulser, sous leur direction intelligente, les nombreux manuscrits conservés dans les pagodes, et propres à confirmer leur opinion.

Louis Jacolliot, l'auteur bien connu de la *Bible dans l'Inde*, est venu ensuite qui, mettant à profit les travaux de ses illustres devanciers, dans la voie qui lui était tracée par eux, a confirmé leur dire par ses études spéciales, et a donné la clef des formules employées par les Brahmes-pundits, dans la fixation des dates importantes relatives à l'histoire de la nation indoue; et ce, au moyen d'une méthode toute scientifique reposant sur l'astronomie, et ne donnant aucune prise à l'erreur.

Ici, fidèle reproducteur de Jacolliot, nous nous permettons de lui emprunter les pages qui vont suivre, persuadé que nous ne saurions mieux faire. Ces pages sont extraites des *Fils de Dieu* (page 127 et suivantes).

CHAPITRE II

Formules employées par les Brahmes
pour consacrer les dates.

« Il existe deux chronologies : la première, fabuleuse, basée sur l'imagination des poètes, rejetée par les savants Brahmes-pundits et méprisée par eux ; la seconde, scientifique, basée sur l'astronomie, dès lors indiscutable et presque inconnue en Occident, si ce n'est par quelques rares savants ; les savants Halled et Cicé de Pondichéry.

Cette chronologie scientifique, seule sérieuse, seule base indiscutable de l'histoire indoue, est tellement ardue à déchiffrer par le nombre prodigieux de documents présentant à la fois deux caractères : métaphysique et scientifique, qu'il s'agit de dégager, avant de *faire la lumière sur les dates*, que cela explique pourquoi jusqu'ici peu de savants aient eu le courage de se livrer à ces études de science pure, ardues et peu brillantes...

APERÇU GÉNÉRAL

DE LA PREMIÈRE CHRONOLOGIE FABULEUSE ET MYTHOLOGIQUE DE L'INDE

Nous lisons dans Manou, au livre 1er :

« Maintenant, apprenez par ordre et succinctement, quelle est la durée d'une nuit et d'un jour de Brahma, et de chacun des quatre âges (*yougas*).

« 4,000 années divines composent, au dire des sages, le *crita-youga*.

« Le crépuscule qui précède est d'autant de centaines d'années ; le crépuscule qui suit est pareil.

« Dans les trois autres âges qui vont suivre, également précédés et suivis d'un crépuscule, les milliers et les centaines d'années sont successivement diminuées d'une unité.

« Ces quatre âges qui viennent d'être énumérés étant supputés ensemble, la somme de leurs années, qui est de 12,000 est dite *l'âge des Dieux*.

« Sachez que la réunion de milles âges divins compose en somme *un jour* de Brahma, et que *la nuit* a une durée égale.

« Ceux qui savent que le saint jour de Brahma ne finit qu'avec *mille âges*, et que la nuit embrasse un pareil espace de temps, connaissent véritablement *le jour et la nuit*.

« A l'expiration de cette nuit, Brahma, qui était endormi, se réveille, et en se réveillant, fait émaner l'Esprit, qui par son essence existe et n'existe pas.

« Poussé par le désir de créer, l'Esprit opère la création et donne naissance à l'éther, que les sages considèrent comme ayant la faculté d'émettre le son.

« De l'éther, nait l'air dont la propriété est tangible, et qui est nécessaire à la vie.

« Par une transformation de l'air, la lumière se produit.

« De l'air, de la lumière qui produit la chaleur, nait l'eau, etc..... »

Ces paroles de Manou ont donné naissance au système du monde d'où est sortie la chronologie dont nous nous occupons.

Le Zeus ou dieu irrévélé, habite dans l'éther immense ; il l'emplit tout entier car il est *Tout*. Sa vie est divisée comme celle de l'homme, en jours et en nuits.

Le *jour* se compose de quatre âges : *Crita-youga* ou âge d'or ; *Treta-youga*, ou âge d'argent ; *Davapara-youga*, ou âge d'airain ; *Cali-youga*, ou âge de fer.

Chacun de ces quatre âges dure trois mille années divines, soit un million sept cent vingt-huit mille années humaines.

Les quatre âges équivalent à douze mille an-nées divines, soit six millions deux cent-douze mille années humaines.

Le jour et la nuit de Brahma se composent donc chacun de six millions deux cent-douze mille années humaines, car le jour et la nuit sont d'égale durée.

Lorsque commence le jour divin, Brahma se réveille et son esprit se met à créer. L'éther, l'air, l'eau, le feu paraissent d'abord ; la matière se forme, se divise, les mondes commencent à graviter dans l'espace ; la chaleur, l'air et l'eau développent sur chaque monde l'existence végétale et animale ; et pendant tout un jour de Dieu, la nature entière fermente dans la mer, l'immense creuset engendrant partout la force, le mouvement, la vie. Mais au jour va succéder la nuit.

Empruntons à Vamadéva-Modely la description de cette seconde période de l'existence divine : « De toutes parts, des bruits étranges se produisent, précurseurs de la nuit de Brahma. Le crépuscule se lève, le soleil vient de passer au 30me degré du monstre marin, (signe du zodiaque) ; il n'arrivera point au signe des minas, (poissons, signe du zodiaque) et les gourous des pagodes préposés au *Rasi-Tchacra* (zodiaque), peuvent briser leur cercle devenu inutile.

« Peu à peu la lumière pâlit, la chaleur diminue, les lieux inhabitables se multiplient, l'air se raréfie de plus en plus, les sources tarissent, les grands fleuves voient leur eau s'épuiser peu à peu, l'Océan n'a plus que du sable, les plantes meurent, les hommes et les animaux diminuent tous les jours ; le mouvement et la vie perdent leur force, les astres ne gravitent plus qu'avec peine dans l'espace, comme une lampe que la main de *Chocra*, n'entretient plus ; *Sourya* (le Soleil) vacille et s'éteint, la matière tombe dans le *pralaya* (dissolution) et Brahma devient *Zeus*, c'est-à-dire le dieu irrévélé qui se replie sur lui-même, et n'ayant plus rien à faire, puisque son jour s'est accompli, il tombe dans le repos... et s'endort. « Et il renferme dans l'œuf d'or de sa pensée le germe de tout ce qui existe, ainsi que le dit le divin Manou.

« Pendant son paisible sommeil, les êtres animés, pourvus des principes de l'action, quittent leurs fonctions et le sentiment (*Manas*) tombe dans l'inertie.

« Lorsqu'ils sont dissous en même temps dans l'*âme suprême*, cette âme de tous les êtres dort tranquillement dans la plus parfaite quiétude.

« Après s'être retirée dans l'obscurité primitive, elle y demeure longtemps sans accomplir ses fonctions, et dépouillée de sa forme qu'elle ne reprend qu'au réveil.

« C'est ainsi que, par un réveil et par un repos alternatifs, l'*Être immuable* fait revivre ou mourir éternellement tout cet assemblage de créatures mobiles et immobiles. »

Suivant ce mythe poétique, les trois premiers âges et plus seraient déjà écoulés ; nous serions dans la seconde moitié du *Cali-youga*, et marcherions à grands pas vers la nuit divine, c'est-à-dire à la dissolution de toutes choses.

« Une fois cette singulière opinion admise sur la nuit et le jour divin, la création et la durée des mondes, il était tout naturel qu'il se rencontrât quelque fanatique religieux qui ayant essayé de soumettre les événements historiques à cette arbitraire division du temps, créât une chronologie théologique que les Brahmes eux-mêmes laissèrent vulgariser ; car tout ce qui contribuait à répandre dans le peuple des idées merveilleuses et inexplicables concourait à consolider leur puissance.

Dans l'Inde, les Brahmes rient volontiers de la chronologie que nous venons d'exposer...

DEUXIÈME CHRONOLOGIE SCIENTIFIQUE DE L'INDE
BASÉE SUR L'ASTRONOMIE

« Cette chronologie, en outre qu'elle repose comme celle de l'Europe, sur les faits importants, les monuments, les temples avec leurs inscriptions, les dynasties et les règnes de chaque roi qui s'y rapportent, le *règne spirituel* de tous les *Brahmatmas* (grande âme, chef de tous les Brahmes) qui se sont succédé sans interruption pendant une période de plus de 12,000 ans avant notre ère ; en outre de tous les ouvrages de science enregistrant les progrès de chaque siècle, la chronologie brahmanique a cela de spécial que chaque naissance, avènement ou mort de roi, chaque élection de *Brahmatma*, chaque construction de temple ou événement important, était consigné sur un livre spécial par les astronomes des pagodes. De plus, en regard de la date, un zodiaque était construit indiquant exactement l'état du ciel au jour de l'événement dont on voulait garder le souvenir, et notant spécialement la seconde, la minute et le degré du signe zodiacal dans lequel se trouvait le point équinoxial du printemps, de l'automne ou de toute autre saison à l'instant de l'observation.

« On sait que le mouvement annuel de précession qu'observent les astres relativement au soleil est, pour ainsi dire, comme un cadran immense sur lequel on peut mesurer les siècles comme se mesurent les heures sur un chronomètre.

« Pour les temples et les monuments, on ne se contentait pas d'inscrire la date de leur construction et leur zodiaque sur le livre dont nous venons de parler, le même zodiaque était gravé sur le plafond du péristyle de la pagode ou sur une des façades du monument.

« De cette habitude de fixer l'état du ciel à chaque événement important, à chaque naissance de roi, pour en conserver le souvenir, est venue, on n'en saurait douter, la coutume de tirer l'horoscope que les Arabes nous apportèrent au Moyen Age. » . . . .

LE RASI-TCHACRA DES BRAHMES OU ZODIAQUE

« Le *rasi-tchacra* destiné à marquer le mouvement annuel de précession des astres, et à noter la situation du point équinoxial dans un des degrés d'un signe, est partagé en 12 signes divisés chacun en 30 degrés, soit 360 pour le tout.

Voici les noms de ces signes :

Mecha. . . .	LE BÉLIER.
Vricha . . .	LE TAUREAU.
Mithouna. .	LE COUPLE.
Carthataca .	L'ÉCREVISSE.
Sinha. . . .	LE LION.
Canya. . . .	LA VIERGE.
Toula. . . .	LA BALANCE.
Vristchica .	LE SCORPION.
D'hanous . .	L'ARC.
Macara . . .	LE MONSTRE MARIN.
Coumbha . .	L'URNÉ.
Minas. . . .	LES POISSONS.

« On ne saurait douter que les zodiaques

égyptien, chaldéen et grec ne soient la copie servile du zodiaque Brahmanique, dont les émigrations avaient emporté avec elles le secret astronomique. Ce sont les mêmes noms, les mêmes dimensions, le même esprit scientifique.

« Il est un fait qui défie toute controverse, toute discusion, car il est prouvé par tous les zodiaques gravés dans les vieilles pagodes de l'Inde, par tous les monuments, par tous les calculs scientifiques, par tous les livres d'astronomie, c'est que, depuis les temps les plus reculés, les prêtres Brahmes faisaient le mouvement de précession de 50", 9''', 3/4 par an, ni plus ni moins que nos observatoires scientifiques ; et par conséquent le connaissaient et le pratiquaient avec une précision que nous n'avons pas dépassée.

« Il ressort de là, que la chronologie Brahmanique, dont tous les faits et dates importantes sont basés sur de pareils calculs, est d'une certitude, pour ainsi dire mathématique, que ne pourrait revendiquer, à un égal degré, aucune autre chronologie du monde . . . . . .

« A côté des manuscrits où les Brahmes en-

seignaient les formules algébriques et le secret
de leurs calculs d'astronomie, il en existait
d'autres dans lesquels le fait astronomique qui
concourait à donner date certaine à un événement était symbolisé ; de là, d'insurmontables
difficultés d'explication, pour quiconque n'a
pas reçu des Brahmes la clef de ces études . .

FORMULES PRISES DANS l'*Avadhana-Sastra* ou
RÉCITS HISTORIQUES SYMBOLIQUES, ET DANS LE
Vedanga-Sastra, RECUEIL DE CHRONOLOGIE
HISTORIQUE FIXÉE PAR L'ASTRONOMIE.

Pour rendre notre pensée plus sensible nous
allons prendre dans la seconde partie de
l'*Avadhana-Sastra* qui se rapporte aux premiers temps de l'ère brahmanique, un fait
d'histoire constaté par une observation astronomique gravée au manuscrit scientifique et
symbolisée dans le manuscrit qui en fait le
récit historique. D'un côté, en fixant d'une
manière certaine, indiscutable, la date de cet
événement historique par le moyen de la
situation astronomique que les Brahmes lui

ont attachée, nous prouverons la certitude de la chronologie brahmanique; et de l'autre, par l'explication de la phrase symbolique qui est en tête du récit, nous démontrerons à quel point l'initiation est nécessaire pour apporter la lumière dans ces études.

Nous lisons dans l'*Avadhana-Sastra* ou récits historiques... IIe partie

« Lorsque le Saint ermite Yati-Richi fut désigné comme le plus digne de représenter Brahma, *Sourya* effleurait *Mécha* de ses rayons bienfaisants, et le riz et le menu grain, jaunis, attendaient la faucille. »

« Avant de donner l'explication de cette phrase qui indique la date précise de la nomination du sage Yati-Richi aux éminentes fonctions de Brahmatma, c'est-à-dire de chef religieux de tous les Brahmes, voyons comment s'exprime le *Vedanga-Sastra* ou recueil de chronologie historique fixée par l'astronomie :

Prise de possession de la boule d'ivoire représentant le monde, et du trépied d'or par le Brahmatma Yati-Richi — *Sourya* (le soleil) partage d'une manière égale les jours et les nuits; le point équinoxial d'automne se trouve au premier degré du Bélier. »

« Un simple calcul astronomique va nous donner maintenant la date de l'élévation de Yati-Richi aux fonctions de Brahmatma.

« Il est de principe que la précession annuelle est de 50" et une fraction d'environ 1/3. Il en résulte qu'un degré se déplace en une période de 71 années 9 mois, et un signe entier en 2,153 années environ.

« Or, en remontant de signe en signe déplacé on constate : *que le point équinoxial du printemps se trouvait au premier degré du Bélier, l'an 388 avant Jésus-Christ.*

« Et en continuant à se diriger par le déplacement des signes, on arrive à trouver : *que le point équinoxial de l'automne était au premier degré du Bélier en l'an 13300 avant notre ère.*

« Donc nous pouvons dire avec la certitude d'un calcul astronomique, que Yati-Richi a été élu Brahmatma, en l'an 13300 avant notre ère, puisqu'au moment de son élection, le zodiaque construit pour fixer l'état du ciel indique que le point équinoxial de l'automne était au premier degré du Bélier, état que le monde ne reverra que dans 11,000 ans d'ici environ.

« Il n'est pas dans notre propre histoire de date plus indiscutable que celle-ci.

Les anciens Brahmes faisant leurs calculs de précession de la même manière que nos astronomes modernes, il s'ensuit que la science Brahmanique et la science moderne se rencontrent toutes deux, pour donner à cette date de l'élection de Yati-Richi, toute la certitude d'un problème de mathématique résolu.

La chronologie des Brahmatmas ou chefs suprêmes religieux, ainsi que celle des deux grandes dynasties de rois, *Soma-Vansa et Sourya-Vansa* (dynasties lunaires et solaires), tous les autres faits historiques viennent d'eux-mêmes se grouper autour de ces points de repères et recevoir la consécration de leur authenticité. Nous allons voir comment est facile maintenant l'explication de la phrase de l'*Avadhana-Sastra*.

« Lorsque le saint ermite Yati-Richi fut désigné comme le plus digne de représenter

Brahma, *Sourya* effleurait *Mecha* de ses rayons bienfaisants, et le riz et les menus grains jaunis attendaient la faucille ». — Le soleil marquait le point équinoxial d'automne (puisque le riz et les grains attendaient la moisson), et était au premier degré du Bélier (puisque *Sourya* effleurait *Mecha*, le Bélier, de ses rayons).

« Un exemple maintenant pris dans l'histoire des rois.

Pratichtâna, une des plus grandes villes de l'Inde ancienne, dont on voit encore les ruines sur les bords du Gange, vis-à-vis d'Allahâbâd, tut bâtie par Nahoucha, un des rois de la dynastie lunaire. Lorsque Pratichtâna fut bâti par Nahoucha, dit l'*Avadhana Sastra*, « les grandes pluies tombaient dans l'Urne et les rayons de *Sourya* éclairaient le tiers de *Vricha* ».

« Interrogeons maintenant le *Vedanga-Sastra* ou livre des dates astronomiques, et nous lisons à propos de cet événement :

« Construction de la ville de Pratichtâna par Nahoucha. — Le solstice d'hiver est au Verseau

(*Coumbha*), le point équinoxial d'automne est au dixième degré du Taureau (*Vricha*) ». Le calcul astronomique le plus élémentaire nous apprend que le point équinoxial d'automne était au dixième degré du Taureau environ 3,258 ans avant Jésus-Christ.

« Donc la ville de Pratichtâna a été construite l'an 3,258 avant notre ère.

« Il est facile de comprendre maintenant la phrase de l'*Avadhana-Sastra*, se rapportant à cette date : « Les grandes pluies tombaient dans l'Urne, — c'est-à-dire le Solstice d'hiver était au Verseau. — Les rayons de *Sourya* éclairaient le tiers de *Vricha* (Taureau), — c'est-à-dire le point équinoxial du printemps était au dixième degré du Taureau, — le tiers du signe.

« Nous ne savons si nous avons fait cette démonstration suffisamment claire et accessible à tous ; le système est cependant des plus logiques, s'il ne peut prétendre à la simplicité ; de plus, il fixe d'une matière indiscutable et pour toujours, les dates qu'il consacre par la construction d'un zodiaque contenant l'état

exact du ciel au moment où s'est passé l'événement dont on veut garder la mémoire.

« Une fois le zodiaque construit et la formule
astronomique donnée, la formule scientifique
est traduite dans une phrase imagée et symbolique, dont l'histoire se sert à son tour pour
indiquer l'époque où s'est passé le fait dont
elle rend compte.

« *Le point équinoxial de l'automne était
au premier degré du Bélier*, dit la formule
scientifique au livre des zodiaques.

« *Sourya effleurait Mecha de ses rayons et
les grains jaunis attendaient la moisson*, dit
le manuscrit historique.

« Les deux phrases signifient exactement la
même chose ; il suffit, comme on voit d'en posséder la clef. »

Qui ne reconnaîtrait à la lecture attentive des
pages empruntées par nous à Louis Jacolliot,
dans l'intérêt de la vérité, que les formules des
Brahmes, concernant la chronologie de l'Indoustan, presque inconnues en Occident, ne
soient appelés à révolutionner de fond en
comble le point de vue auquel la plupart des

indianistes se sont placés jusqu'ici pour
étudier l'histoire merveilleuse de l'Inde antique ?

Fort de cette conviction, nous poursuivrons
notre travail sans parti pris d'aucune sorte, résolu que nous sommes à le mener à bonne fin ;
et nous avons lieu d'espérer qu'après cet exposé intéressant des formules astronomiques
des Brahmes propres à consacrer les dates d'une
façon si précise, il ne saurait plus venir à l'idée
de qui que ce soit d'opposer une critique inin-
telligente, en regard des témoignages avérés de
la scrupuleuse exactitude des calculs des pundits indous.

Nous terminerons le chapitre des formules
chronologiques astronomiques des Brahmes de
l'Inde, par les noms de deux astronomes antédiluviens : Narada et Asuramaya, bien connus
de ceux qui ont étudié la science occulte. Ces
deux figures des vieux âges, sont liées indisso-
lublement à l'astronomie mystique, la chronologie et leurs différents cycles. Elles dominent,
ainsi qu'un phare présenté à tous les regards,
tout un passé archaïque.

Quand, et à quelle époque des temps préhistoriques, ces deux personnalités remarquables, dont l'existence est avérée, vivaient-elles ? Nul ne saurait le dire exactement (1). Tout ce que l'on a pu savoir jusqu'ici par les récits des Pourânas et autres livres sacrés de l'Inde, ainsi que du Mahabhâratâ, c'est que Narada était appelé le fils de Brahma, dans le Matsya Purâna ; et la race de Kasyapa, la fille de Daksha, dans le Vishnu-Purâna ; ce dernier nom, appellation la plus mystérieuse de celles qui lui ont été données, et s'appliquant aux symboles ardus de la vieille mythologie archaïque.

Narada est en outre appelé, dans les enseignements occultes en deçà de l'Himalaya, le messager et l'exécuteur des décrets universels du Karma ; et aussi, « Adi-Bud » un guide du logos actif et toujours incarné, qui conduit les affaires humaines, depuis le commencement jusqu'à la fin des Kalpas.

(1) L'un, Narada était désigné sous le nom d'un « Rishi védique » ; l'autre, Asuramaya, sous le nom de « l'Atlante ».

Narada, le grand docteur indou de l'astronomie, dépasse certainement, en connaissances,
le Gourou *Gara* dont la renommée est si grande
cependant (1). Dans les vieux écrits secrets,
Narada passe pour avoir calculé et appris tous
les cycles astronomiques et cosmiques à venir,
et pour avoir enseigné la science aux premiers
contemplateurs de la voûte étoilée. Quant à
Asurayama, il est connu, dans les enseignements des grands initiés, pour avoir basé tous
ses travaux astronomiques sur ces données,
pour avoir déterminé la durée des périodes
géologiques et cosmiques passées, et l'étendue
de tous les cycles à venir, de même que la fin
du cycle de la vie, et la fin de la septième race.
Il existe parmi les livres de la science secrète,
un livre digne du plus grand intérêt, appelé le
« Miroir des destinées futures », dans lequel sont
enregistrés tous les Kalpas et les cycles cachés
emblématiques, ou le temps infini, sans bornes.

(1) Ce dernier ne tenait-il pas sa science de Sesha
symbole du cycle de l'Eternité en ésotérisme ? Garga,
grâce à lui connut, tout ce qui concernait les planètes
et les présages.

Cet ouvrage a été attribué à *Pesh-Hun*, « Messager », *Narada*.

Il existe pareillement de vieux manuscrits attribués à divers Atlantes, deux entr'autres avec les dessins figurés de nos cycles, et la possibilité de calculer les dates des cycles à venir.

Les calculs chronologiques qui pourraient être donnés présentement, sont, en quelque sorte, ceux des Brahmes pundits ayant traité ultérieurement de ces questions ; et de plus, la majeure partie de ces calculs sont les mêmes, que ceux employés dans la doctrine secrète des Initiés.

La chronologie et les calculs des Brahmes initiés sont basés sur l'antique zodiaque de l'Inde et les travaux de l'astronome et magicien Asuramaya mentionné plus haut.

Les vénérables archives du zodiaque des Atlantes ne sauraient nous avoir induit en erreur, car elles ont été recueillies, mises en ordre sous les auspices de ceux qui, les premiers, enseignèrent l'astronomie et tant d'autres choses au genre humain.

La science occidentale, en la personne d'un

professeur de grand mérite, Albrecht Weber,
très versé dans la littérature sanscrite, a protesté vivement contre ces affirmations ne reposant, selon lui, sur aucune base sérieuse. Pourquoi ces protestations un peu hors de saison,
selon nous et de bien d'autres, alors qu'il est
avéré pour un grand nombre d'érudits, qu'*Asuramaya* est qualifié exactement, lorsque d'après
les traditions épiques de l'Inde, il est reconnu
comme le plus ancien astronome, notamment
dans l'Aryavarta, l'un de ceux, « le Soleil-Dieu »,
auquel a été départie la connaissance des étoiles,
in propria persona, ainsi que le docteur Weber lui-même l'a établi, en l'identifiant, avec
le très mystérieux mythe du « Ptolemaios »
des Grecs. — Aucune autre raison valable n'est
donnée de cette identification que le dernier
nom « Ptolemaios, » fourni par une inscription
de Pyadsi, lequel est devenu l'indien « Tura-
maya », en dehors duquel le nom « Asuramaya » a fort bien pu surgir aisément.

Quoi qu'il en soit de ces discussions sur la
signification d'inscriptions si difficiles à contrôler, un fait est acquis d'après les enseignements

des Brahmes pundits, bon à prendre en sérieuse considération, c'est qu'une localité « Romaka-pura » existait « à l'ouest », certainement, et faisait partie, d'une parcelle du dernier conti-nent des Atlantes. Qu'en outre, il est également-ment certain que cette parcelle de l'ancienne atlantide est assignée dans les Indous-Purânas, comme le lieu de naissance d'Asuramaya, auquel on attribuait les pouvoirs de « grand magicien » en même temps que les qualifications d'astrologue et d'astronome.

Il est vrai que le professeur Weber se refuse à assigner une grande antiquité au zodiaque indien et incline à penser que les Indous n'ont jamais connu de zodiaque ; et que, jusqu'en ces derniers temps, ils ont emprunté celui des Grecs. Cette opinion est en complet désaccord avec les plus anciennes traditions de l'Inde ; c'est pourquoi cela ne doit pas être passé sous silence.

Une raison péremptoire en faveur de la priorité des Indous sur les Grecs, au sujet de la connaissance et de l'emploi du zodiaque, c'est qu'il est avéré que les Grecs descendent des

Indous, la similitude entre les deux langues en fait foi. Pourquoi alors ces efforts, pour vouloir faire dévier un fleuve de sa source, lorsqu'il serait plus logique et plus naturel de penser, étant acquis la filiation des Egyptiens, des Grecs et des nations occidentales avec l'Inde, qu'au fur et à mesure de leur marche en avant, les émigrés de l'Inde, s'installant dans de nouvelles colonies, y fixaient leurs anciennes connaissances. Cela a dû se passer ainsi.

Les Naturels du Guatemala (Amérique du Sud) possédaient pareillement leur zodiaque dès la plus haute antiquité, aussi bien que les Egyptiens ; pourquoi ne pas venir avancer, par surcroit, pour les besoins de la cause, que ces peuples tenaient leur zodiaque des Grecs ? Ce serait audacieux ; mais lorsque certains savants se mettent à divaguer, rien ne les arrête, pas même le sens commun.

En résumé, d'après les fragments des immenses travaux archaïques retrouvés dans

(1) Voir le livre, *Of indian littérature*, p. 255 ; professeur Weber ; *In trubner's asiatic series*.

l'Inde du sud, le calendrier mentionné ailleurs et attribué à l'astronome Atlante a été reconstitué par deux savants Brahmes pundits, en 1884 et 1885, par Chintamany-Raghanaracharya et Tartakamala-Ven-Kata-Krishna-Rao. Leur travail, autant toutefois que les lacunes produites dans les textes dans le cours des âges ont pu le leur permettre, n'est pas loin de concorder, pour les lignes générales, au plan qui nous a été laissé et par les vieux livres de l'occultisme, et par les modernes adeptes théosophes qui se sont occupé de cette question, question grosse de conséquences, car sur elle repose tout l'édifice de la doctrine secrète des initiés, symbolisée par les planètes.

CHAPITRE III

Périodicité des déluges.
Phénomènes psychiques connus dans l'Inde.

Nous avons indiqué au Chapitre Ier que Manou, législateur sacré de l'Inde, avait donné, aux ancêtres antédiluviens des Indous, le nom de *Rutas*.

S'il en est ainsi, il est important de rechercher à reconstituer la partie de l'Inde habitée par cette race humaine et les conséquences qui ont pu en résulter.

La géographie préhistorique peut-elle être reconstituée? Ce qui semblait très problématique avant l'époque scientifique moderne, ne semble plus l'être maintenant que les légendes des anciens peuples de l'Orient sur ce sujet sont mieux connues, et que, par surcroît, des travaux importants tout récents sur cette ma-

tière sont venus corroborer des souvenirs lointains exhumés du premier âge de l'humanité.
Ces souvenirs ont été tellement vivaces, qu'ils
se sont imposés d'eux-mêmes, en gravant leur
empreinte, dans l'appellation de l'un des grands
amas d'eau qui baigne encore aujourd'hui une
partie du globe terrestre, l'Océan Atlantique,
par exemple.

En effet, d'où ce nom peut-il survenir, si ce
n'est du grand continent connu dans l'antiquité
tout entière sous le nom d'Atlantide? Ce soi-
disant rêve de Platon parlant d'une île Atlantide
est devenu une réalité, puisque les preuves à
l'appui que nous nous proposons de soumettre
au lecteur, ont eu pour résultat de faire
rentrer cette question de l'Atlantide, dans le
domaine des faits réels reconnus de nos jours
par la critique scientifique la plus méticuleuse.

Afin d'élucider entièrement cette question,
capitale à notre sens, puisqu'elle doit servir à
nous faire connaître les origines des peuples de
l'Occident, nous commencerons d'abord, par la
relation des légendes des plus anciens peuples
connus; et nous les confirmerons par le récit

des découvertes des géographes modernes ; puis,
comme introduction préalable, nous traiterons
de la périodicité des bouleversements du globe,
connus sous le nom de *diluviums*, présentée
par les savants modernes comme en étant la
cause directe ; enfin nous exposerons la doctrine
secrète des grands initiés.

DE LA PÉRIODICITÉ DES DÉLUGES

Les savants, sous des hypothèses diverses,
admettent généralement la périodicité des déluges, ou convulsions du globe, qui surviendraient
à des époques fixes, déterminées par les calculs
astronomiques, et auraient pour effet de changer complètement l'assiette des mers, en faisant
à ce moment disparaitre tout ou partie des
continents qui existent, et émerger du fond
des mers, soit ceux-là qui ont été engloutis
par des convulsions précédentes, soit ceux qui
doivent leur formation au cataclysme même
qui se produit, et dû, peut-être aussi, pour une
part, à la pression des feux ou gaz souterrains

cherchant à se faire jour par irruption. L'idée de la périodicité des déluges n'est pas nouvelle. Cette hypothèse, chère à Cuvier, séduisit Adhémar et beaucoup d'autres savants. Adhémar, l'un deux, est devenu célèbre par les raisons ingénieuses qu'il donna du phénomène de la précession des équinoxes, phénomènes reconnu depuis plus de vingt siècles par Hipparque, et bien avant lui par les astronomes indous, ainsi que cela a été constaté dans leur fameux livre des éclipses par Halled, le savant indianiste bien connu (voir plus haut au chapitre Iᵉʳ). Ce livre, que Halled n'a fait que consulter, et qui remonte à des centaines de siècles, fournit la preuve que la date de la présence de l'homme sur la terre peut être fixée à des centaines de mille ans. Des géologistes, en renom, de notre époque, ont découvert des indices de nature à rendre cette hypothèse très plausible, en étudiant des débris provenant de l'industrie humaine dans les terrains de l'époque tertiaire.

Adhémar, non seulement considéra, comme acquis, que les continents aujourd'hui habités ont été plusieurs fois mis à sec, mais il chercha à découvrir les raisons de ces évolutions : ce qui est tout, et à supputer leur périodicité.

Il s'aperçut tout d'abord « que le printemps et l'été des régions de l'hémisphère boréal correspondent à l'automne et à l'hiver de l'hémisphère opposé, tandis que le printemps et l'été des régions australes, ont lieu pendant l'automne et l'hiver de notre hémisphère.

« Or la terre ne décrit pas un cercle, mais une ellipse, dont le soleil occupe l'un des foyers, par lequel passe la ligne des équinoxes. Il en résulte que les deux portions de la courbe situées de ça, de là, de cette lignes ont d'inégale longueur.

« Cette ligne n'est point fixe, ainsi que l'a reconnu Hipparque, il y a déjà vingt siècles ; elle rétrograde lentement, perpétuellement, de façon à effectuer un tour complet en 21,000 ans. — C'est là le phénomène reconnu sous le nom de précession des équinoxes. Il s'explique par la combinaison du mouvement de rotation de la terre autour de son axe avec l'action perturbatrice du soleil et de la lune sur les couches matérielles accumulées autour de l'équateur terrestre, sans lesquelles la terre aurait une forme parfaitement sphérique.

« Grâce à cette précession des équinoxes, la durée relative des saisons varie perpétuellement pour chacun des points de l'orbite terrestre, de telle sorte qu'après un intervalle d'environ 10,500 ans, l'ordre qu'elles présentent est renversé relativement aux deux hémisphères. La période entière est donc de 21,000 ans, durée de la révolution complète de la ligne des équinoxes.

« Dans les moments extrêmes de cette période, c'est-à-dire lorsque la différence entre la longueur de l'été aux deux pôles est la plus grande, celui des deux pôles où la saison chaude est la plus longue obtient en un an 4,464 heures de jour et 4,296 heures de nuit ; tandis que le pôle contraire subit 4,464 heures de nuit et ne jouit que de 4,296 heures de jour. — A ce moment, la durée totale des heures du jour surpasse donc de 168 heures la durée totale des heures de nuit pour un des deux pôles ; et c'est l'inverse pour l'autre.

« Il est facile de se rendre compte que la quantité moyenne de chaleur reçue pendant un certain nombre d'heures de jour est perdue par rayonnement dans l'espace, pendant un nombre égal d'heures de nuit.

« La température d'un lieu dépend de la différence entre la chaleur reçue et la chaleur perdue en un temps donné. — Un lieu se refroidit lorsque la chaleur provenant du soleil est moindre que celle qui est perdue par le rayonnement ; et dans le cas contraire, il s'échauffe.

« Si donc on conçoit, pour un moment, le globe terrestre enveloppé d'eau de toutes parts, il est évident que les glaces se forment en plus grande quantité au pôle désavantagé de 168 heures de nuit, et que cette différence répétée pendant 10,500 ans finit par devenir considérable.

« Tant que les glaces formées au pôle sont flottantes, elles ne produisent aucun changement appréciable dans l'équilibre des mers, puisque en vertu du principe d'Archimède, leur poids est égal à celui du volume d'eau déplacé par les parties plongées dans la mer ; mais il vient un temps où la surface inférieure du glaçon touche la terre et *déplace ainsi le centre de gravité.*

« Les eaux commencent alors lentement à se diriger vers cet hémisphère : et comme, en même temps, les glaces fondent à l'autre pôle, il s'y produit une grande débâcle, et les eaux se précipitent, comme un torrent, au-dessus de la zone torride, pour aller submerger l'autre hémisphère.

« A l'évolution lente du régime des eaux succède donc *brusquement* la *révolution,* révolution dont non seulement la tradition nous a gardé le souvenir, mais dont les témoignages irrécusables nous sont fournis par les blocs erratiques épars dans l'un et l'autre hémisphère, jusqu'au 35° degré de latitude, où ils ont été transportés par des glaçons qui, en fondant, les ont abandonnés intacts sur le sol. »

Telle est, dans ses lignes principales, la théorie d'Adhémar sur la périodicité des déluges.

Elie de Beaumont, le célèbre géologue, a

présenté, au sujet des blocs erratiques, les considérations suivantes :

« L'état parfait de conservation des blocs erratiques, dit-il, est une preuve incontestable de la présence d'énormes glaçons dans le torrent qui traversa notre hémisphère.

« En effet, dans l'origine, on avait de la peine à comprendre comment il était possible, qu'après avoir parcouru des distances égales quelquefois à plusieurs centaines de lieues, ces blocs erratiques eussent conservé la vivacité de leurs arêtes. Leur poids énorme ne permettait pas de supposer qu'ils eussent pu rester suspendus dans la masse fluide ; et par conséquent, ils auraient dû être émoussés et arrondis par le frottement sur la face des rochers.

« La dernière révolution de cette nature s'est faite du nord au sud. — Le nord, en effet, est actuellement débarrassé des eaux qui ont reflué vers le sud, point autant toutefois qu'il l'a été dans un *passé relativement récent*, car depuis l'année 1248, notre hémisphère commence à se refroidir, pendant que se réchauffe l'hémisphère austral.

« Si nous nous reportons, par la pensée, 10,500 ans auparavant, nous verrons la nuit du pôle boréal surpasser de 168 heures la somme des nuits du pôle austral. — Notre hémisphère est couvert d'une calotte de glace s'étendant jusqu'au Zuydersée, et toutes nos plaines basses sont submergées. Au contraire, les continents de l'hémisphère austral sont à sec et favorisent l'expansion d'une civilisation, dont l'exode des Océans doit anéantir jusqu'au souvenir. »

Que doit-il donc se passer dans un avenir auquel il serait téméraire d'assigner une date précise, mais qu'il faut prévoir, dans le cas où la théorie d'Adhémar recevrait son application fatale ? Le voici :

« Peu à peu, la somme des heures de nuit de notre hémisphère, en diminuant, ce qui est réel, produira une diminution de froid. Alors les limites de la glacière boréale, en se resserrant, et celles de la calotte australe, en prenant de l'extension, le *centre de gravité* se déplacera, et la sphère fluide commencera à se translater du nord vers le sud par des courants sous-marins ; puis l'augmentation de chaleur ayant suffisamment amolli les glaces du pôle boréal, la débâcle finale se produira, l'équilibre sera rompu, et la marche des eaux passant avec violence au-dessus des continents, nous amènera un déluge. — Plus tard ensuite, le pôle austral prenant sa revanche nous submergera à son tour.

Il existe une autre hypothèse, celle de M. Boulangier, qui explique la périodicité des déluges au moyen d'une force mystérieuse qu'il appelle la force nord-sud et qui n'est nullement en contradiction avec l'hypothèse d'Adhémar.

Cet audacieux pionnier s'écartant des sentiers battus, la Sorbonne n'a point voulu lui permettre d'exposer ses idées ; cependant, elles méritaient un meilleur accueil. Ce qui prouve une fois de plus combien les idées, même les meilleures, ont de la peine à se faire jour dans notre beau pays de France !

En écartant, par une fin de non recevoir, l'hypothèse de M. Boulangier, en ce qui concerne la force nord-sud dont nous venons de parler, les savants de la Sorbonne ont oublié, sans doute, que, par son système, M. Boulangier ne faisait en somme que reprendre le chemin tracé par les géologues auxquels l'étude des blocs erratiques suggérait ces lignes : « Ces dépôts recouvrant des contrées immenses, ont quelquefois soixante mètres d'épaisseur : les uns ont la forme de collines allongées *dans la direction du nord-sud;* les autres forment de vastes plaines d'une horizontalité presque parfaite. Le nombre immense et la grandeur de ces débris prouvent que la force qui les a transportés devait avoir une grande énergie.

« Les savants qui ont parcouru les contrées sur lesquels a passé le diluvium, ont trouvé partout la surface des rochers usée, polie et profondément rayée par un nombre immense de stries et de sillons ayant presque tous une direction commune, celle du *nord-sud.* »

Les idées originales exprimées par MM. Adhémar et Boulangier ne sont après tout que des hypothèses, dira-t-on. Soit, répondrons-nous, mais ces hypothèses, quelle que soit leur valeur intrinsèque, présentent tout au moins l'avantage d'expliquer ce qui, jusqu'ici a paru inexplicable.

Combien de forces mystérieuses de la nature nous sont encore inconnues ! N'est-ce-pas, il y a quelques années à peine, que l'Américain Keely a présenté au monde savant une découverte qu'il avait faite d'une *nouvelle force*, appelée à donner à réfléchir et à rendre peut-être plus modestes les savants diplômés de l'Occident, quand on leur parle de forces psychiques ou autres, qui se trouvaient à la disposition des premières races disparues du globe terrestre, et lesquelles, par leur conséquences, démontreraient que nous avons encore beaucoup à étudier pour nous élever au niveau de la science psychique antique.

La nouvelle force trouvée par M. John Worrel Keely de Philadelphie, et appelée par lui *intra-atomique*, n'est rien moins que l'Aour de la Bible, l'Akasa des anciens Indous qui, emmagasinée dans un appareil disposé à cet effet, est de nature à remplacer les dynamos électriques (1) les plus puissants sans usure ni frottement.

(1) Ne touche-t-on pas là au fameux mouvement perpétuel si inutilement cherché jusqu'ici ? L'avenir déci-

Le réservoir où se produit cette force, l'éther, est incommensurable et n'a pas à craindre la déperdition, puisque le réservoir naturel est inépuisable.

Mis en demeure de faire fonctionner son appareil, M. Keely, en présence d'une commission de savants, réunie à Philadelphie, a obtenu des résultats merveilleux. L'inventeur a pu, avec l'aide d'un puissant moteur, forer des roches d'une dureté exceptionnelle, dans un laps de temps très court, travail que n'aurait pu exécuter aucune autre machine connue, dans les mêmes conditions, eu égard à la difficulté de l'entreprise.

Cette force nouvelle ne serait-elle pas par hasard celle dont on fait mention dans la doctrine secrète des grands initiés de l'Inde et du Thibet et qu'ils affirment avoir été à la disposition de l'antique race disparue des Atlantes ?

dera peut-être la question, dans un sens favorable, et par suite la découverte de M. Keely serait le point de départ d'un horizon immense, la plus importante du siècle. Si elle portait tous ses fruits elle permettrait de résoudre cette redoutable loi du travail, l'écueil jusqu'ici des temps modernes.

Cette découverte extraordinaire, mise en regard des forces psychiques *reconnues vraies* par des savants de premier ordre, sans parti pris, entre autres par l'éminent psychologue de Rochas, et le savant physicien Crook de Londres ; cette découverte disons-nous, permettra peut-être à nos savants orthodoxes de s'émotionner enfin un tant soit peu, et de changer d'attitude vis-à-vis des chercheurs convaincus et désintéressés qui se sont adonnés à l'étude de phénomènes inexpliqués, mais qui n'en existent pas moins pour cela. Comprendront-ils enfin que la négation, l'hypothèse réputée vaine aujourd'hui, est souvent appelée à devenir la *la loi, le fait acquis de demain.*

Puisqu'ici nous avons fait mention de l'Ether à propos de la découverte de Keely, il n'est pas superflu de se demander qu'est-ce que l'Ether ?

La dernière hypothèse présentée sur ce sujet il y a peu de temps, par M. Raoul Pictet, à une conférence qui a eu lieu chez Mme Juliette Adam, est éminemment suggestive... Qu'on en juge :

5

Le conférencier, physicien d'un rare mérite, savant de laboratoire, connu par l'étude des synthèses de la chaleur, de la chimie, par sa grande conception de la réduction de tous les phénomènes chimiques et physiques aux équations de la mécanique, de matérialiste déterminé qu'il était, il y a vingt ans, est arrivé au spiritualisme qu'il confesse aujourd'hui. — Le voilà qui, au sortir de son laboratoire, vient nous apporter cette affirmation précieuse : « Il y a en moi, comme il y a hors de moi, quelque chose d'impondérable, autre chose que de la matière, et qui m'échappe. » A ceux qui ont dit : « Je n'ai jamais trouvé l'âme sous mon scalpel » il répond : « c'est précisément ce que je n'ai jamais trouvé dans l'éprouvette, *qui par excellence est la vie !* » — Et comment Pictet en est-il arrivé à cette conclusion ? — Ce n'est pas en sortant du domaine des sciences physiques, en abordant la métaphysique ; bien au contraire. C'est, sans sortir de l'étude des sciences physiques pures, à son contact incessant avec la matière qui lui obéit, qu'il manipule à son gré, qu'il a observée et analysée mille et mille fois, non ; c'est en étudiant les propriétés d'une nouvelle force, l'*Ether* : hypothèse indispensable, dont la supposition s'impose, de toute nécessité, à la physique expérimentale, lorsqu'il s'agit d'expliquer certains phénomènes de la nature.

Laissons parler le conférencier quand il cherche à déterminer ce que peut être l'Ether.

Premier point. — L'Ether n'est pas de la matière, puisqu'on n'en peut pas voir, et qu'on ne peut le mesurer.

S'il en est ainsi, il est donc permis d'avancer scientifiquement parlant, *que des choses existent qui sont impondérables...* et, alors, arrivant à la notion du *libre arbitre*, il s'exprime ainsi dans un langage original : « L'Esprit ou l'âme touche la gâchette du système matériel et alors, de l'encéphale, les ordres se communiquent aux muscles, selon des conditions diverses. »

On le voit, nous voguons ici en plein spiritualisme. Les organes et leur ramification : système nerveux et musculaire, ne sont plus que des supports, des chaînons de transmission, des courants fluidiques multiples, de ce nous ne savons quoi, qui pénètre notre pensée du dehors au dedans, et du dedans au dehors. C'est du moins une nouvelle hypothèse que nous présentons personnellement au lecteur ; car dans cette grave question, l'hypothèse jusqu'à présent est le seul procédé susceptible de rechercher la loi, la vérité.

Du reste, cette définition de l'Ether, absolument conforme à celle donnée de l'Aour ou de l'Akâsâ par les savants commentateurs des livres sacrés pundits de l'Inde et du Thibet, rapprochée de la force intra-atomique découverte par Keely, pourrait bien n'être qu'une seule et unique force similaire, agissant aussi bien mentalement que physiquement, selon les conditions dans lesquelles le phénomène est produit. On serait dès lors presque en droit de conclure qu'une force sidérale immense nous entoure, nous enserre de toutes parts, et que, de cette mer sans rivages, coulent à pleins bords les existences dont l'Esprit, l'âme en un mot, ne serait que la manifestation.

Il est prudent de s'arrêter ici. Chercher à

creuser ce sujet davantage nous conduirait à la limite de l'inconnaissable (1).

Puisque nous avons traité dans ce chapitre de la périodicité des déluges, il nous reste à donner, pour le compléter, les relations diverses sur le dernier cataclysme connu sous le nom de « déluge asiatique », relations presque identiques conservées dans les livres sacrés de l'Inde, de la Chaldée et de la Judée. Une lecture attentive de ces relations fera reconnaitre qu'un fonds commun a dû servir de base à ces légendes.

(1) Il nous paraît utile de mettre ici en présence la force éthérique découverte par Keely des expériences récentes sur l'extériorisation faites par un savant russe, membre de l'Académie des Sciences de Saint-Pétersbourg. Ces expériences, cette fois, n'ont pas l'Ether pour base, mais l'électricité, et sont très curieuses et très importantes au point de vue psychique.

Au moyen d'un appareil photographique, les courants électriques ont pu être reproduits instantanément sur des plaques d'une sensibilité extrême ; et ces expériences, faites sur le corps humain, ont constaté que l'électricité s'en dégageait du dedans au dehors, sous forme d'étincelles, de globes flamboyants. Ce qui tendrait à faire soupçonner que l'électricité est l'un des agents du fluide vital, combiné peut-être avec la force éthérique de Keely.

Récit Indou du Hari-Pourana sur le Déluge.

« C'est à peine si deux cents âges divins s'étaient écoulés ; le jour de Brahma ne s'était pas accompli, lorsque s'éleva la colère du mâle céleste (*Pouroucha*).

« Sa voix fit retentir l'Univers, les astres pâlirent dans les cieux, les mers attentives écoutèrent.

« La voix disait : Pourquoi, en transformant ma substance divine, ai-je créé l'Ether ?

Pourquoi, en transformant l'Ether, ai-je créé l'Air ?

Pourquoi, en transformant la Lumière, ai-je créé l'Eau ?

Pourquoi, en transformant l'Eau, ai-je créé la Matière ?

Pourquoi ai-je jeté dans la Matière le germe universel dont sont sorties toutes les créatures animées ?

« Et voilà que les animaux se mangent entre eux ; que l'homme se dispute avec son frère ; qu'il méconnait ma puissance, et qu'il ne s'occupe qu'à détruire mon œuvre ; que partout le *mal* triomphe du *bien*.

« Sans attendre l'éclosion des mille âges divins, je vais étendre la nuit sur l'univers et rentrer dans mon repos.

« Je vais faire rentrer les créatures dans la matière, la matière dans l'eau, l'eau dans la lumière, la lumière dans l'air, l'air dans l'éther, dans ma propre substance.

« L'eau d'où sont sorties les créatures animées détruira les créatures animées.

« Mais Vishnou, entendant ces mots, s'adressa sans peur à l'illustre Brahma et lui dit :

« O toi, maître de l'Univers, des Dieux et des hommes, toi dont la puissance est infinie, ô grand Tout omniscient et omnipotent, à qui les Mondes, les Astres, les Vents, les Mers obéissent ;

« Toi qui, ayant résolu de tout produire de ta substance, as jeté le germe immatériel dans l'œuf d'or, et t'es manifesté brillant de lumière ;

« Toi qui m'as fait sortir de ta pure essence pour conserver la Création, apaise ton courroux, accorde-moi la grâce de l'Univers ; j'irai moi-même, sous une forme visible, *prendre ton culte sur la terre et apprendre aux hommes à devenir meilleurs.*

« Et Brahma, entendant ces paroles, jeta un regard plein d'amour sur Vishnou qui fut sa première forme manifestée en sortant de l'œuf-d'or. Sois sans crainte, lui dit-il.

Toi qui es sorti de moi, tu ne rentreras plus dans le Néant ; et la nuit que je vais étendre sur l'Univers, te réserve dans mon sein d'ineffables jouissances.

« O *Paramathma*, répondit Vishnou, pourquoi m'avoir fait émerger sur le fleuve du Lotus parfumé ; pourquoi m'as-tu ordonné de tirer de mon sein toutes les créatures animées, les plantes et les fleurs, si tout cela doit périr avant les mille âges divins ?

Est-ce que la mère ne pleure pas, quand elle voit mourir ses enfants avant qu'ils aient atteint l'âge de transformation suprême ? Pourquoi m'avoir donné, pour la nature entière, le *cœur d'un père et d'une mère*, et me faire assister, *avant l'heure*, à la grande nuit du *Pralaya ?*

« O Vishnou, ô mon fils, ne te désole pas:
ce qui était bon est devenu mauvais; et ce qui
est devenu mauvais doit être détruit, car la
décomposition finirait par atteindre les Cieux.

« Pourquoi donc, ô maître souverain, détruire tous les hommes? N'est-il pas encore
nombre de créatures dignes de vivre ; et pourquoi frapper aveuglément dans ta juste colère
sur le bien et sur le mal?

« Rien ne saurait changer mon immuable
dessein ; les hommes seront détruits, mais à
cause de toi, je ferai grâce à la terre qui les
supporte, si tu peux trouver une seule famille
d'hommes vertueux pour la repeupler, lorsque
ma colère sera apaisée. — Va donc et ne tarde
pas, car je vais bientôt déchaîner les eaux sur
toute la surface du globe.

« Vishnou descendit alors sur la terre sous
la forme de l'oiseau Garouda, et étant arrivé
au pays de Camyaboudja, il dit au saint homme
Vaïswasvata: « Lève-toi, prends ta cognée, et
ordonne à tes fils de te suivre jusqu'à la pro-
chaine forêt.

« Choisis parmi les arbres les plus gros ceux

que tu dois abattre, et hâte-toi de construire un vaisseau assez grand pour contenir toute ta famille, un couple de tous les animaux et des graines de toutes les plantes ; car toi seul avec les tiens que tu auras recueillis, échapperez à la colère de Brahma.

« N'oublie pas d'emporter également les livres de la loi que Swayambhouva lui-même a extraits de sa pure essence, et Manou fils de Pouroucha (mâle céleste).

« Vaïswasvata ayant compris que cet avis lui venait du ciel, et était la récompense de ses vertus, fit ainsi qu'il avait été dit ; il construisit le vaisseau dans lequel il fit entrer ses quatre fils, avec leurs femmes et leurs enfants, et les serviteurs de la famille.

« Et il confia les livres de la loi extraits de la pure essence à *Soma*, son fils aîné ; et de même, il lui donna à garder le livre de *Manou*, fils de Pouroucha.

« Et un couple de tous les animaux et des graines de toutes les plantes trouvèrent place également ; et Vaïwasvata ayant fermé le navire, la pluie commença à tomber sans relâche, les mers à déborder, et le globe tout entier disparut sous les eaux.

« Et cela dura ainsi des jours et des nuits; et cela dura ainsi des années, car rien de ce qui était mauvais ne devait surnager, car ce qui était mauvais ne devait survivre, car ce qui était la corruption pouvait gagner les mondes supérieurs.

« Enfin l'eau cessa de tomber, la mer et les fleuves rentrèrent dans leur lit, et le vaisseau de Waïwasvata s'arrêta au sommet de l'Hymavat (Hymalaya).

« Et Waïwasvata ayant ouvert les portes du navire, aperçut une traînée lumineuse aux mille couleurs qui partageait la voûte des Cieux.

« Vishnou lui apparut de nouveau, sous la forme de l'oiseau Garouda et lui dit : « Ceci est la ceinture de l'immortelle déesse Lakmy ; c'est un signe de pardon ; lorsque la tourterelle ne rentrera pas au navire, tu iras droit devant toi et tes fils repeupleront la terre.

« Et l'oiseau appelant ces derniers par leur nom leur dit :

« Soma, tu marcheras en gardant l'orient à ta gauche ;

« Vamadiva, tu marcheras en gardant l'orient à ta droite ;

« Sacra, tu marcheras à l'orient ;

« Tchandra, tu marcheras au couchant ;

« Et mes enfants seront les seigneurs de la terre, et tous les peuples naîtront d'eux.

« Waiwasvata, ouvrant alors ses mains, laissa échapper la tourterelle, mais la tourterelle revint sur le soir, les pieds humides.

« Il lâcha alors le Radjouvala ; mais le radjouvala revint sur le soir, avec de la boue aux ailes.

« Et il lâcha encore une paire de Surakas (grues,) et ils revinrent le soir voltiger autour du navire, mais ils ne rentrèrent pas.

« Et ayant lâché encore le balaca, le corbeau et le héron, ils ne revinrent pas.

« Il jugea que le moment était venu, et de nouveau il laissa échapper la tourterelle qui revint sur le soir voltiger avec des cris joyeux autour du vaisseau, et elle reprit sa course vers l'Orient. Elle avait à son bec une tige de l'herbe sacrée du Cousa.

« Vaïwasvata comprit que la terre était de nouveau habitable, il ouvrit les portes du navire et ayant partagé le troupeau entre ses quatre fils, il leur divisa le monde, ainsi que l'avait dit l'envoyé Céleste ; et les oiseaux s'élancèrent dans les plaines de l'air, et les bêtes fauves s'enfoncèrent en hurlant de joie dans la terre humide et l'herbe verte.

« Vaïwasvata, ayant retenu trois fois son haleine en murmurant à chaque fois, le mystérieux monosyllable AUM qui est l'invocation par excellence, fit une offrande aux Dieux, en mémoire de l'événement, et une libation aux mânes des morts frappés par la vengeance divine.

« Puis, ayant pris un jeune chevreau, à toison rouge, qui était né dans le vaisseau, il l'égorgea en disant : « que ce sang répandu soit un *signe d'alliance éternelle* entre la terre et les cieux.

« Que mes descendants à perpétuité offrent ce sacrifice à Vishnou, âme du monde, esprit de la prière, essence subtile émanée de l'Incréé, pensée éternelle de ce qui est, manifestation perpétuelle du grand Tout, qui a sauvé le monde de la destruction par les eaux. »

Le poëte du Hari-Pourana termine alors par l'invocation suivante à Vishnou :

« Immortel Vishnou, divin Pouroucha (mâle céleste) toi qui fécondes la nature entière, manifestation visible de l'immortel Brahma père des Dieux et des hommes, j'ai dit ta puissance, ta grandeur, ta bonté, pour qu'à tous ceux qui répèteront ces chants excellents qui le sont consacrés, tous les péchés soient remis et que le Swarga (ciel) leur soit ouvert à l'heure de leur dernière transformation. »

Les traditions de l'Inde sur le grand cataclysme sont innombrables. Citons les plus importantes, les plus intéressantes.

Outre la légende précédente, il y a la légende diluvienne du Siva-Pourana, conçue en termes presque identiques à celle du Hari-Pourana. Elle ne diffère que par un simple détail. Elle attribue à Siva d'avoir sauvé le monde, tandis que, dans le Hari-Pourana, on en fait honneur à Vishnou.

Le Nistia-Carma, recueil d'hymnes de prières, de légendes sacrées, contient un commentaire des Védas et plusieurs récits du déluge. — La traduction de M. Pauthier du récit du déluge, (extrait du Mahâbhârata) est bien connue.

Il n'est pas une secte dans l'Inde qui ne possède, dans ses livres sacrés et ses poëmes, plusieurs récits sur ce sujet. L'un des plus intéressants est celui de la secte des Djeinas, (deuxième Sastra).

Dans le Travenoor, près du Cap Comorin, existe encore, rapporte L. Jacolliot, un secte de Brahmes qui adore Indra, comme la manifestation la plus puissante des trois grands dieux de la Trimourti ; et c'est à lui qu'elle attribue le secours prêté à Vaïswasvata, à l'époque du déluge.

Extrait de cette légende très curieuse, en ce sens que la Grèce l'a adoptée, sous le nom de déluge de Deucalion : ce qui est un indice frappant des sources de la communauté des idées religieuses grecques avec l'Inde :

La Légende d'Indra

INVOCATION

« Accourez, amis, prenez vos places ; que le chef du chœur s'avance et choisisse le plus beau de ses chants pour célébrer Indra.

« Indra, le puissant Indra, dispensateur souverain des richesses ; mais faites auparavant les libations prescrites.

« Qu'Indra nous comble de ses faveurs, qu'il nous rende magnanimes, qu'il nous donne la sagesse, qu'il accepte nos sacrifices.

« Chantez Indra qui, sur son char de bataille, broie ses ennemis sous les pas de ses coursiers rapides.

« Offrez-lui les libations et les boissons pures qu'il aime ; présentez-lui le dadhi (lait caillé, base de tous les sacrifices, à l'époque Védhique).

« O Indra, dieu souverain qui règnes sur le monde, toi par qui le sacrifice a été inventé.

« O Indra, qu'attiré par nos chants, tu acceptes nos offrandes ; puisses-tu les juger dignes de toi.

« Les invocations et les chants sacrés augmentent la gloire des Dieux; puissent les nôtres augmenter ta puissance, ô divin Sacatratou.

« Si Indra, dont la main invisible protège tout ce qui existe, daigne accepter ces boissons pures, ces piadas (gâteaux) et ce *dadhi* que nous lui offrons.

« Nous n'aurons rien à redouter des puissances universelles, et Indra, seigneur de la vie, nous défendra contre la mort.

Rig-Véda

« Et vous aussi, mes compagnons, rangez-vous autour de moi, comme aux époques héroïques, firent nos ancêtres autour de Madoutchandas.

« Et tous ensemble nous ferons les libations, et nous chanterons la gloire d'Indra qui a sauvé des eaux Vaïwasvata, le juste.

« Indra qui souffla sur les orages et conduisit le navire du vieil ancêtre, au sommet de l'Hymavat.

« Indra qui a conservé tous les animaux et toutes les plantes, malgré les mers déchaînées qui couvraient la terre, pour que les *Séries* des transmigrations ne soient pas interrompues.

« Indra qui a dit à Vaïswasvata, après que le *soleil eût remplacé l'orage et que la tourterelle eût quitté le vaisseau :*

« Que la vue de cette terre de désolation n'arrache pas des larmes de tes yeux ; que la douleur ne tourmente pas ton cœur généreux.

« *Jette des pierres* dans la boue liquide, et *à chaque pierre qui tombera dans la boue, il naîtra un couple d'hommes.*

« Chantons, ô mes compagnons, comme autrefois nos vieux ancêtres autour de Madhoutchandas ; chantons Indra qui a *sauvé l'univers de la destruction et repeuplé la terre.* »

Nota. — On pourrait croire, par cette légende, sous l'invocation d'Indra, qu'elle se trouve en contradiction avec le culte que l'on rend à Vishnou ou à Siva pour le même objet.

Il n'en est rien.

En effet, Indra, dans la mythologie Indoue,

n'est que le symbole de la puissance manifestée de l'être existant par lui-même Swàyam-bhouva, qui renferme en lui les trois attributs de *Création*, de *Conservation* et de *Transformation*, principes inhérents à la très sainte Trimourti, lesquels de l'Inde ont traversé l'humanité tout entière, et ont été recueillis en dernier lieu par le Christianisme. Cela ne saurait être douteux.

Tradition diluvienne de Xisouthrous d'après Bérose, prêtre chaldéen

« A l'époque de la 10ᵉ dynastie chaldéenne, sous Xisouthrous, le déluge arriva.

« Chronos lui ayant apparu en songe, l'avertit que le 15 du mois dœsius, les hommes périraient par un déluge; en conséquence, il lui ordonna de prendre les écrits qui traitaient du commencement, du milieu et de la fin de toutes choses, de les enfouir en terre dans la ville du soleil appelée Sisparis, de se construire un navire, d'y embarquer ses parents, ses amis et de s'abandonner à la mer,

« Xisouthrous obéit ; il prépare toutes les provisions, rassemble les animaux quadrupèdes et volatiles, puis il demande où il doit naviguer. Vers les Dieux, dit Kronos, et il souhaite aux hommes toutes sortes de bénédictions.

« Xisouthrous fabrique donc un navire long de cinq stades et large de deux : il y fit entrer sa femme, ses enfants, ses amis et tout ce qu'il avait préparé.

« Le Déluge vint, et bientôt ayant cessé, Xisouthrous lâcha quelques oiseaux qui, faute de trouver à se reposer, revinrent au vaisseau.

« Quelques jours après, il les envoya encore à la découverte, cette fois ils revinrent, ayant de la boue aux pieds. Lâchés une troisième fois, ils ne revinrent plus.

« Xisouthrous concevant que la terre se dégageait, fit une ouverture à son vaisseau ; et comme il se vit près d'une montagne, il y descendit avec sa femme, sa fille et le pilote ; il adora la terre et éleva un autel, fit un sacrifice, puis il disparut et ne fut plus vu sur la terre avec les trois personnes sorties avec lui...... »

Une autre relation du déluge chaldéen connue sous le nom de l'épopée d'Izdoubar a été
exhumée en quelque sorte, il n'y a pas longtemps, sur les briques cuites du palais d'Assour-Bain-Phal, par l'éminent assyriologue anglais, G. Smith, et contient, à titre d'épisode,
un récit intéressant à reproduire et à rapprocher de celui de Bérose.

Le voici :

Le Déluge chaldéen de l'épopee d'Izdoubar, traduction de M. Lenormand, le savant assyriologue français.
(Extraits abrégés)

« Izdoubar, après avoir accompli des exploits
sans nombre, prend peur de la mort, et il se
rend sur les bords de l'Euphrate, à la recherche de Xisouthrous, pour recevoir de lui
le secret qui donne l'immortalité.

« Xisouthrous, en conversant avec le héros
sur les faveurs dont les Dieux l'ont comblé, raconte l'histoire du déluge :

« Anou... Bel... Adar, seigneurs du pays

immuable, révélèrent leur volonté au milieu de
la nuit.

« Je fus entendant Nouah, et il me parla
ainsi :

« Homme de Sourippak, fils d'Aoubaratou,
fais un vaisseau pour toi.

« Je détruirai les pécheurs et la vie...

« Fais entrer la semence de vie de la totalité
des êtres pour les conserver.

« Le vaisseau que tu fabriqueras... (Le chiffre
manque dans le texte, sans doute par mutilation
des briques d'inscription) coudées seront la
mesure de longueur..... coudées... seront la
mesure de sa largeur et de sa hauteur.

« Lance-le sur l'abime.

« Je compris et je dis à Nouah, mon seigneur :

« Nouah, mon seigneur, ce que tu m'as com-
mandé, je l'accomplirai, cela sera fait... (Tous
les passages marqués sont mutilés dans le
texte).... armée et troupes,...

« — Le Poëme donne alors un récit détaillé
de la construction du navire et des sacrifices
offerts avant l'embarquement.

« Xisouthrous poursuit :

« Tout ce que je possédais, je le réunis, tout ce que je possédais d'argent, je le réunis ; tout ce que je possédais d'or, je le réunis ; tout ce que je possédais de la semence de vie, je le réunis.

« Le tout, je le fis entrer dans le vaisseau : tous mes serviteurs mâles et femelles, les animaux domestiques des champs, les animaux sauvages et les jeunes hommes de eux tous, je les fis entrer.

« Somas fit une inondation, et il parla disant : dans l'année, la nuit, je ferai pleuvoir du Ciel abondamment, entre au milieu du vaisseau, et ferme la porte.

« La fureur d'une tempête au matin s'éleva de l'horizon du Ciel, s'étendant au large.

« Bin, au milieu du Ciel, tonna.

« Les esprits portèrent leur destruction dans leur gloire ; ils balayèrent la terre.

« L'inondation de Bin atteignit jusqu'au Ciel ; la terre brillante fut changée en un désert.

« L'inondation balaya la surface de la terre

comme.... elle détruisit toutes les vies de la face de la terre.

« La forte tempête sur le peuple atteignit jusqu'au Ciel.

« Le frère ne vit plus son frère.

« Elle n'épargna pas le peuple.

« Dans le Ciel, les dieux craignirent la tempête et cherchèrent un refuge.

« Ils montèrent jusqu'au Ciel d'Anou.

« Les Dieux se blottirent comme des chiens cachant leur queue.

« Istar prononça un discours, la plus grande déesse par sa parole.

« — Le monde a tourné au péché ; et alors en présence des Dieux j'ai prophétisé le malheur.

« Les Dieux ainsi que les Esprits, pleuraient avec elle.

« Les Dieux, sur leurs sièges, étaient assis en lamentations ; leurs lèvres étaient closes, à cause du mal qui venait.

« Six jours et six nuits passèrent, le tonnerre, la tempête et l'ouragan dominaient.

« Dans le cours du septième jour, l'ouragan

se calma, et toute la tempête qui avait détruit, comme un tremblement de terre, s'apaisa.

« La mer se dessécha, le vent et la tempête prirent fin.

« Je fus porté à travers la mer.

« Celui qui avait fait mal, et toute la race humaine qui avait tourné au péché, comme des roseaux, leurs corps flottaient.

« J'ouvris la fenêtre, et la lumière entra sur mon refuge.—

« Au pays du Nizir alla le vaisseau.

« Dans le cours du septième jour, je lâchai dehors une colombe, et elle partit.

« La colombe partit et chercha : de place et de repos elle ne trouva point, et elle revint.

« Je lâchai alors une hirondelle et elle partit.

« Le corbeau partit et il vit des cadavres sur les eaux, et il les mangea.

« Il vola et erra au loin, et ne revint pas.

« Je lâchai dehors les animaux aux quatre vents.

« Je versai une libation, je bâtis un autel sur le pic de la montagne.

« Les Dieux comme des bancs de poissons se réunirent au-dessus du sacrifice.

« — C'est alors qu'apparait l'arc-en-ciel, que Xisouthrous appelle la gloire des Dieux pareille à une gemme brillante.»

Le héros chaldéen continue :

« En ces jours, je priai pour que toujours je n'eusse pas à souffrir que les Dieux viennent à mon autel.

« Que Bel ne vienne pas à mon autel, car il n'a pas eu de considération, et il a fait un orage, et il a voué mon peuple à l'abime. . . .

« De loin, en même temps, Bel, dans sa « course, vit le vaisseau. Et Bel alla plein de « colère vers les Dieux et les Esprits. Que pas « un né sorte vivant, que pas un ne sorte de « l'abime.

« Adar ouvrit sa bouche et parla, et dit au « guerrier Bel : Qui alors sera sauvé ?

« Nouah exprima sa volonté, et Nouah savait « toutes choses. Nouah ouvrit sa bouche et « parla au guerrier Bel.

« Toi, prince des Dieux, guerrier, quand tu as été irrité, tu as fait un orage.

« Le pêcheur a fait son péché, le malfaiteur a fait le mal ; que celui qui est élevé ne soit pas brisé ; que le captif ne soit pas délivré.

« Au lieu que tu fasses une tempête, que la peste s'accroisse, et que les hommes soient réduits.

« Je ne scrutai pas la sagesse des Dieux.

« Bel entra au milieu du vaisseau ; il prit ma main et me conduisit dehors.

« Moi, il me conduisit dehors et fit amener ma femme à mon côté.

« Il purifia le pays.

« Il établit un pacte.

« Il prit en main le peuple, en présence de Xisouthrous et du peuple.

« Alors Xisouthrous et le peuple pour être semblable aux Dieux, furent emmenés.

« Alors Xisouthrous habita dans un lieu écarté, à l'embouchure des fleuves... »

Xisouthrous, après avoir terminé son histoire, enseigna à Izdoubar qui est venu le visiter, les sept sacrifices de purification qui donnent l'immortalité ; et le héros Chaldéen ne redoutant plus la mort, poursuit le cours de ses exploits

Après la transcription que nous venons de faire de la relation de la légende de Bérose et celle de l'épopée d'Izdoubar, il est facile de remarquer que ces deux récits ont la même origine ; en outre, on ne saurait nier que les trois légendes du déluge de l'Inde, de la Chaldée et de la Judée n'aient une origine commune, avons-nous dit déjà, le drame, dans ces trois légendes se présente sous un jour identique.

Bien plus, Indous, Chaldéens et Hébreux s'accordent à reconnaître l'existence de *dix personnages*, rois ou patriarches ; ou plutôt de dix dynasties représentées chacune par le nom de l'un d'eux, qui auraient vécu et régné avant le grand cataclysme asiatique.

Voir à la fin du chap. V. de la Genèse dans ma traduction mot à mot avec commentaires et exégèse.

Nous donnons ici cette nomenclature intéressante.

PERSONNAGES ANTÉ DILUVIENS

Inde	*Chaldée*	*Judée*
Maritchi. . .	Alor.	Adam
Atri	Alasar	Seh
Angiras . . .	Amolou.	Enos
Poulastya. .	Aménon.	Kaïnan
Poulaha. . .	Mettalar.	Mahlaléel
Cratrou . . .	Dâon	Jared
Pratchetas .	Everodach . . .	Enoc
Vasichta . .	Amphis	Mathusala
Narada . . .	Otiartes	Lamech
Brighou. . .	Xisouthrous. . .	Noa

Ce qu'il y a de plus curieux, et ce qui démontre la parfaite concordance des aventures de l'Indou Vaïwasyata et du Chaldéen Xisouthrous, c'est qu'il existe un même nombre d'années pour la durée des dynasties anté diluviennes qui auraient régné dans l'Inde et en Chaldée.

Après supputation du nombre d'années assignées à ces dynasties, on retrouve pour l'Inde et la Chaldée les chiffres de 432,000 années représentant le temps pendant lequel ces dynasties auraient régné, chiffres qui, multipliés par 10 = 4.320.000 années, et sont ramenées au calcul fantastique des Indous. Coïncidence, dira-t-on, mais coïncidence qui doit donner à réfléchir.

CHAPITRE IV

La doctrine secrète des initiés dans l'antiquité.

Au cours de ces études, la doctrine secrète des initiés de l'Inde devant être rappelée à plusieurs reprises, il nous a paru nécessaire d'entretenir le lecteur de ce qu'il faut entendre par cette doctrine de la science ésotérique antique, conservée avec respect d'âge en âge et dont notre science moderne reproduit quelquefois par échappées quelques lignes isolées.

Ecoutez Adolphe Frank, philosophe éminent de notre époque, et méditez ses paroles lorsqu'il s'exprime ainsi sur ce sujet : « Quoi que nous puissions faire pour conquérir dans le domaine des sciences morales une indépendance sans limite, la chaîne de la tradition se moutrera toujours dans nos plus hardies découvertes. »

Qu'est-ce enfin que cette doctrine secrète dont on parle tant de nos jours et que l'on connaît si peu ? C'est la tradition philosophique conservée du système du monde tel que le comprenaient les grands initiés de l'Inde, de l'Egypte, du Thibet et de la Chine.

Cette doctrine, professée dès les premiers âges de l'humanité, et tenue secrète dans les sanctuaires sous les peines les plus rigoureuses, n'a jamais subi d'interruption jusqu'à nos jours. Transmise tout d'abord oralement et fixée à un moment donné par l'écriture, de peur de l'altération du texte, ces documents demeurèrent entre les mains des grands pontifes et, depuis, ne devaient plus sortir du sanctuaire, dérobés qu'ils étaient aux recherches des profanes.

Le nombre est grand des manuscrits qui, à l'heure actuelle, ont échappé aux recherches des érudits modernes. Pour en juger, qu'il suffise de savoir que les commentaires sur la tradition orientale des Indous ne comprennent pas moins de 689 ouvrages du canon Thibétain, et 5,686 volumes de la Somme Chinoise, traduction du sanscrit et du pâli, pour près d'un tiers, par Hicun-Tsang, fameux et laborieux lettré du Céleste-Empire. Dans l'Occident, les commentaires sur cette tradition sont consignés dans 4,000 volumes hébraïques. D'où les Juifs tenaient-ils leur doctrine secrète ésotérique contenue dans la Kabale? Des hiérophantes égyptiens, cela n'est plus douteux aujourd'hui, puisque l'on sait pertinemment que Moïse, le législateur d'Israël, n'était lui-même qu'un prêtre de Memphis qui, initié sans doute aux mystères, avait, en quittant l'Egypte, fait son profit des enseignements reçus par lui dans le temple.

Les Egyptiens eux-mêmes avaient reçu leur doctrine secrète (ésotérique) des Indous, lorsqu'ils avaient accompli leur exode de l'Inde, pour se rendre sur les bords du Nil, sous la conduite de Menès, leur chef (un manou). Et là, ils s'arrêtent et deviennent le peuple d'Egypte en fondant Memphis.

Puisque nous avons parlé de la Kabale juive produit de la science ésotérique égyptienne, il est important de remarquer que bien avant la naissance des mystères sacrés de l'Egypte, surgissent les mythes indous, dont les autres peuples n'ont fait que copier les symboles au fur et à mesure des émigrations poussant de plus en plus en avant leurs flots pressés.

Et pour ce qui regarde plus spécialement la Kabale, on peut avancer avec juste raison que la Kabale est à la Bible Juive ce qu'étaient les Upanichads aux Védas, c'est-à-dire que ces deux doctrines, Kabale et Upanichads, expliquaient, donnaient la clef du sens ésotérique renfermé, et dans la Bible, et dans les Védas. — En est-il encore ainsi aujourd'hui ? Nous l'ignorons ; mais cela devrait être, à la condition de bien connaître cette clef qui en fournit le sens ; c'est là, nous osons le dire, la grande difficulté de nos temps modernes. Un exemple pris sur le vif, en quelque sorte, précisera mieux notre pensée.

Un nommé Sri Sankasacharya, dit-on, grand initié de l'Inde, vivant dans les temps historiques, aurait écrit plusieurs commentaires sur les Upanichads.

Jusqu'ici, à en croire Mme Blawatsky, l'occultiste bien connue, l'auteur d'*Isis dévoilée*, ces commentaires qui auraient échappé aux regards des profanes, ces commentaires qui exposent la doctrine ésotérique des brahmes, seraient devenus, depuis longtemps, *lettre morte* pour les brahmes, à l'exception des brahmines Smartava. Cette secte très influente encore, fondée par Sri Sankasacharya, s'est réfugiée dans l'Inde du sud, au Thibet, où elle existe aujourd'hui et serait seule, toujours d'après le dire de Mme Blawatsky, à produire des pundits (des savants) assez instruits pour comprendre et expliquer le sens véritable renfermé dans la doctrine secrète en leur possession, et que ces commentaires développent longuement.

Faut-il ajouter foi à cette allégation ? Tout le bruit fait il y a quelques années sur le nom de Mme Blawatsky, porté aux nues par les uns, vilipendé avec un acharnement inouï par les autres, nous impose une grande réserve ; car il touche de très près à l'existence affirmée et déniée à la fois de la confrérie des Mahathmas ou grands initiés du Thibet. On prétend qu'ils sont

dépositaires de pouvoirs psychiques exceptionnels, pouvoirs presque merveilleux, qu'ils auraient reçus de leurs ancêtres de l'Inde, par
tradition, et dont seuls ils ont conservé l'usage
exclusif, en en dérobant la connaissance au vulgaire avec un soin jaloux.

S'il en est ainsi, et nous ne pouvons le savoir
exactement; si au pays d'origine de l'occulte,
parmi les pundits eux-mêmes, connaissant le
sanscrit et pouvant compulser les textes dans la
langue originale, la doctrine secrète est *devenue lettre morte* pour le plus grand nombre,
sauf pour quelques initiés, que dire de nos occultistes modernes qui prétendent lire couram-
ment dans les textes d'écrits qu'ils ne possèdent
pas, et qui ont la prétention de nous exposer
ex professo des doctrines dont ils ne peuvent
nous donner que de simples aperçus : aperçus
qui doivent être fautifs le plus souvent, quelque
désintéressés que puissent être les commentateurs,

D'où ont-ils reçu ces documents ?

Directement de l'Inde ou du Thibet ? Non pas,
mais de compilations innombrables puisées

dans les livres ayant traité de la Kabale ou de toute autre doctrine similaire. Ces doctrines ont été altérées souvent, s'enchevêtrant les unes dans les autres, en un mot véritable fouillis de documents où l'érudition, la curiosité des hommes d'étude peuvent trouver leur compte, en attendant que des documents reconnus authentiques et qui existent réellement dans les pagodes de l'Inde et du Thibet, viennent apporter la lumière sur la doctrine secrète *véritable* qui, de l'antiquité, s'est infiltrée en pâles rayons jusqu'à nous. — Cette doctrine secrète existe, avons-nous dit, mais il faut aller la chercher là où elle se trouve, et ne pas se contenter d'à peu près. C'est ce qu'on oublie de faire, hélas! au grand détriment de la vérité historique.

Il est bon de remarquer d'ailleurs que, d'après l'autorité de Cahen et de beaucoup d'autres érudits consciencieux, le Pentateuque attribué à Moïse n'est pas à proprement parler authentique; il aurait été remanié sous Esdras, après la captivité. Le premier texte, le véritable, ne nous serait donc parvenu que tronqué, mutilé, dans un nouvel original; et les commentateurs, à des points de vue différents, dogmatiques ou autres, ayant dû nécessairement consigner dans leurs commentaires les idées qui leur étaient propres, que peut-il rester aux modernes, comme base exacte de leurs appréciations sur le sens ésotérique du Pentateuque de Moïse ? Quelle doctrine peuvent-ils déterminer sûrement sous la lettre, lorsque la lettre elle-même est contestée ? Que répondre enfin pour conclure, aux graves objections formulées par Cahen, le savant traducteur de la Bible, s'appuyant sur les autorités de rabbins célèbres du Moyen Age, autorités corroborées par celle de Josèphe, l'illustre historien des Annales du peuple d'Israël, celui qui passe, dans l'antiquité, pour avoir le mieux connu leur histoire, depuis leur origine ? Rien autre chose, que ce que nous pensions : qu'il nous faut attendre les manuscrits originaux qui nous manquent avant de nous prononcer sur leur contenu.

Phénomènes psychiques connus de toute antiquité, dans l'Inde et corroborés par ceux étudiés à notre époque dans l'Occident. — Pouvoirs exceptionnels des initiés. — Degrés dans l'initiation. — Doctrine occulte.

D'après les relations de tous ceux qui ont voyagé dans l'Indoustan, aussi bien que par le témoignage des Européens résidant dans cette contrée, il est reconnu, sans conteste, que les initiés aux anciens mystères possédaient des pouvoirs extraordinaires sur la matière, pouvoirs connus d'eux seuls et célés aux profanes.

Cette science occulte, car on peut appeler ainsi la réunion de tous ces phénomènes obtenus par la force de la volonté, embrassent, sous des noms divers, le magnétisme, la suggestion mentale, l'hypnotisme et d'autres manifestations étudiées à notre époque; à cette différence près, que l'occulte les contient tous, tandis que la science moderne, cherche, à tort selon nous, à les localiser.

Degrés d'initiation. — Il existait dans l'Inde plusieurs degrés d'initiation. Les initiés du premier degré se nommaient Grihattas et

Pourohitas ; ceux du second degré Sannyasis ; ceux du troisième degré Vanapranhas.

Tous mettaient en jeu des forces dites surnaturelles, ne paraissant telles aux gens du vulgaire, que parce que, en ignorant les lois, ils ne pouvaient en constater que les effets véritablement extraordinaires et bien faits pour terrifier des populations abêties par des siècles de pratiques superstitieuses.

Les initiés de la deuxième et surtout de la troisième catégorie avaient la prétention de ne plus connaître ni le temps ni l'espace, et de commander *à la vie et à la mort.*

Le livre de l'Agrou-Chada Pank-Chai reste muet sur la méthode d'entraînement employée dans les sanctuaires à l'égard de ceux qui étaient appelés à l'initiation. Tout ce qu'on a pu recueillir jusqu'ici consiste à savoir que l'initié, parvenu au rang de sannyasi, ne vivait plus dans le temple. Il n'apparaissait que de loin en loin dans les cérémonies les plus solennelles du culte, lorsqu'il s'agissait de frapper l'imagination de la foule par des phénomènes d'un ordre supérieur.

On connaît peu de choses sur les agissements des initiés du troisième degré. Ce degré, d'une obtention très difficile, ne s'obtenait qu'au prix des plus grands dangers à encourir.

La plupart des Brahmes ne dépassaient pas d'ordinaire la classe des grihattas et des pourohitas. Quant aux initiés de la troisième classe, on rapporte qu'ils vivaient dans un état d'extase presque continuel, se privaient de sommeil le plus qu'ils pouvaient, ne prenant que peu de nourriture, une fois tous les sept jours.

Encore de nos jours, lorsqu'on les voit par hasard, assister à certaines cérémonies publiques, par suite de macérations excessives, ils apparaissent semblables à des spectres, ne conservant que l'ossature de leur corps physique, se recueillant alors en eux-mêmes, et après avoir proféré mentalement certains *mentrams* (conjurations), ils illuminent l'espace ; une colonne de lumière semble s'élever autour d'eux de la terre jusqu'aux cieux ; des bruits inconnus traversent les airs, et cinq à six cent mille Indous prosternés, se jettent à plat ventre dans la poussière invoquant les mânes des ancêtres (Pitris).

Du reste, aussi bien dans les livres sacrés que dans les grands poèmes épiques de l'Inde, se retrouvent de nombreuses allusions à ces pouvoirs occultes extraordinaires des initiés, pouvoirs dont l'Occident commence à se rendre compte depuis que, sous des noms différents, la science moderne est parvenue à reproduire une partie de ces phénomènes.

La lumière se fait et se fera de plus en plus, il n'en faut pas douter, sur les lois naturelles qui donnent naissance à ces forces mystérieuses, pour nous encore inexplicables, mais qui n'entrent pas moins dans le plan physique auquel nous appartenons et, ainsi que l'a proclamé l'apôtre, en paraphrasant ses paroles : « *in eo movemur et sumus.* »

Nous terminons cet exposé succinct par quelques passages empruntés au Ramayana, la plus splendide épopée qu'ait jamais pu concevoir un cerveau humain ; et l'on y rencontrera des allusions tellement transparentes sur les phénomènes occultes dont il s'agit, qu'il ne sera plus douteux, pour tout penseur de bonne foi, qu'un vaste champ d'expériences se rattachant à la tradition antique, est désormais ouvert à la science moderne.

Le Psychisme n'est pas une science nouvelle ; l'antiquité l'a connu et pratiqué. Que les modernes suivent la voie tracée par nos ancêtres intellectuels, et ils seront amplement récompensés de leurs efforts, quelque ardue que soit la tâche à entreprendre !

EXTRAITS DU POËME LE RAMAYANA

CHANGEMENT DE FORMES

« Aussitôt qu'ils eurent ouï ces paroles flatteuses, les huit démons saluent Ravana (le prince des démons), le quittent sous des formes invisibles ». Tom. IV, p. 390.

« Fils de rayon, lui dit le bienheureux Atri, des Rakshasas anthropophages, sous différentes formes, et sous les apparences mêmes de carnivores altérés de sang, habitent dans cette vaste forêt. » Tom. IV, p. 291.

POUVOIR SUR LA VIE ET LA MORT

Paroles de Carabhanya avant de monter sur son bûcher : « J'ai mérité de Brahma une faveur par mes violentes macérations ; c'est que je ne puis être tué par aucune arme dans ce monde, ni percé d'aucune flèche. » Tom. IV, p. 38.

Et plus loin, page 51 : « A ces mots, Carabhanya mit le feu à son bûcher, et il entra au milieu des flammes. Alors, émergeant de cette masse de feu, et *purifié*, brilla d'une lumière semblable à celle du feu...

« Il s'éleva par-dessus les mondes, récompense des richis aux œuvres saintes, qui ont veillé religieusement sur le feu sacré (c'est-à-dire la vérité) et dépassant le ciel des dieux, il atteignit le monde de Brahma lui-même.

« L'anachorète aux œuvres pures vit le père de tous les êtres environné de sa cour, dans son paradis, séjour de béatitude ; et Brahma, jetant les yeux sur le Saint revêtu d'une éclatante splendeur, le salua avec ces mots : « Sois le bienvenu dans mon ciel ! »

Ne dirait on pas la reproduction presque littérale d'un épisode de béatification de l'un des saints de la Légende dorée de l'Eglise catholique? Mêmes expressions mystiques, même doctrine concernant le mérite par les œuvres ; doctrine qui, encore de nos jours, fait loi dans l'Eglise catholique, apostolique et romaine.

LE CULTE DE LA FORCE RÉPROUVÉ
DANS LE RAMAYANA

« La culture des armes enfante naturellement une pensée vaseuse d'injustice. » Tom. IV, p. 70.

Admirable leçon bonne à méditer dans nos temps modernes, où la force prime le droit.

DÉFINITION DU DEVOIR, SOURCE
DE TOUT BIEN

« Le Devoir est le père de l'utile ; le Devoir engendre le bonheur ; c'est par le Devoir que l'on gagne le ciel ; ce monde a *pour essence le Devoir.* »

Hélas ! que nous sommes loin encore de l'application de ces préceptes.

RELIGION DU SACRIFICE

« *Le Paradis* est la récompense des hommes qui ont déchiré eux-mêmes leurs corps dans les pénitences, car le bonheur ne s'achète pas avec le bonheur. » Tom. IV, p. 70.

Ces sentences mériteraient d'être inscrites en lettre d'or au fronton de tous nos temples, à la place d'honneur de tous nos établissements d'instruction publique. Quelle philosophie sublime, et que de sérénité dans son exposition !

SUGGESTION MENTALE

« Aditi et Diti, Danou et Kalaka entrèrent dans sa pensée. » Tom. IV, p. 411.

LE VRIL, SA PUISSANCE

« Je vais lancer à sa ruine un dard supérieur, céleste, d'une triomphante rapidité : le *trait même d'un feu*, pour qu'il dévore cette massue...

« Le trait d'Agni (Dieu du feu ; d'où *ignis* en latin), tout pareil au feu, arrêta la grande massue dans son vol dans les airs. » Tom. IV, p. 215.

Qu'était-ce que le Vril ? A en croire les antiques récits de l'Inde, c'était le contenant d'une force irrésistible emmagasinée sous une forme particulière, et dont les anciens Atlantes, ancêtres des Rutas, dont nous parlerons plus loin, connaissaient l'usage. — Rapprochez la force éthérique nouvelle, découverte par l'Américain Keely, de cette force connue des Indous.

En somme, rien de nouveau sous le soleil : témoin la boussole connue des Chinois avant les modernes, la vapeur connue d'Hiéron de Syracuse ; et combien d'autres découvertes qui ne sont, à notre époque, que les échos d'un autre âge !

MÉTAMORPHOSE

Dans le Ramayana, lors du départ des grands singes à la recherche de la belle Sita, l'épouse fidèle de Rama, il est souvent rappelé leur facilité et leur pouvoir de se métamorphoser en quelque forme que ce soit.

Il en est de même des démons ; on leur reconnaît à tous la faculté de pouvoir changer de forme.

CLAIRVOYANCE

Quand la pénitente qui gardait le palais de la Déesse fut interrogée par les grands singes, sur la possibilité de sortir de la forêt magique, elle leur dit : « Néanmoins, grâce à la puissance que je possède, en vertu de mes pénitences, *grâce aux mérites* conquis par mes constantes macérations, vous sortirez tous, singes, de cet obscur labyrinthe... »

Plus loin (5ᵉ vol., p. 368) le grand vautour qui avait eu, ainsi que son frère, les ailes brûlées (par le feu du Ciel) et s'étaient tous deux abattus sur la montagne, sans pouvoir se relever, punis d'avoir eu, dans leur orgueil insensé, la pensée de s'élever jusqu'aux Cieux (allusion à la fable d'Icare reproduite par les Grecs); le grand vautour, interrogé par les singes sur le rapt de Sita par Ravana, leur rendit un service signalé, en leur apprenant qu'il avait vu le démon Ravana emporter Sita dans les airs, dans tel lieu...

« Marchez d'un pas hâté, singes, leur dit-il, car *je vous vois déjà, grâce à ma science, revenir ayant réussi vous-même à voir Sita.* »

PUISSANCE DE LA VOLONTÉ

Le riche Nichara, en qui la pénitence avait entièrement consumé la matière par la puissance de la volonté, fit repousser les ailes du vautour; et avec elles revinrent sa jeunesse, son courage et sa puissance. (Tom. V, p. 39.)

Et plus loin : « Je te ramènerai ton épouse Sita, dit l'anachorète Sougriva à Rama; je te la ramènerai comme Vischnou ramène les volumes du Véda *perdus* dans le Cataclysme (Déluge).

DES TENTATIONS OU SORTILÈGES ATTRIBUÉS AU DÉMON

La tentation de Boudha, plusieurs siècles avant l'ère chrétienne, a préparé la tentation de saint Antoine ; de même que la tentation de Sogriva (5e vol. du Ramayana), a précédé celle de Boudha.

La tentation de Boudha a préparé celle attribuée à saint Antoine, tout aussi bien par l'idée, le théâtre, les décorations, le fond même et les accessoires du sujet. (Tom. V, p. 4-15).

Puisque nous mentionnons le Ramayana, ce poème unique au monde, cette mer de lait, ainsi que s'exprime Michelet à son sujet, disons à ce propos que la morale indienne fait une déification de l'épouse; du mariage, une religion; de l'infidélité, un sacrilège. Le Christianisme futur, issu du Christna indou qui vivait à Madoura plusieurs siècles avant l'ère chrétienne, y a puisé sa tradition, son dogme, ses principes métaphysiques et moraux, son culte en toutes ses parties; ce qui ne doit pas étonner, si l'on rapproche cette constatation obligée d'une découverte toute récente faite au Thibet. Cette découverte est d'importance capitale, considérant qu'il ne s'agit rien moins que de la personnalité de Jésus-Christ, d'une lacune à combler pendant son existence, celle qui a précédé les quelques années de sa prédication jusqu'à sa mort à Jérusalem...

Jusqu'à nos jours, l'on n'avait jamais pu

donner une explication plausible à l'absence
de tous documents sur les faits et actes de Jésus, pendant les trente années à peu près qui
précédèrent sa prédication en Judée, où il
s'était subitement affirmé, comme prophète et
comme thaumaturge, personnifiant en lui les
souffrances des pauvres, des opprimés, des
déshérités en ce monde. Et maintenant, après
avoir lu le livre récent de Nicolas Notovitch :
La Vie inconnue de Jésus-Christ, ce qui pa-
raissait nébuleux et par trop légendaire, se
trouve expliqué naturellement. Si les faits
avancés dans cette publication sont véridiques,
et rien ne vient les controuver, un grand pas
aura été fait pour la reproduction exacte de la
personnalité de l'un des plus grands initiateurs
de l'Humanité.

Il y a quelques années, M. Notovitch se trouvant, par cas fortuit, au Thibet, fut blessé au
cours de son voyage. Ayant reçu une hospita-
lité généreuse dans un couvent de ce pays, il
se lia d'amitié avec le lama (le prieur du couvent). Pendant sa convalescence, de longues
conversations eurent lieu entre les deux nou-

veaux amis ; et comme l'on en était venu à parler de la religion du Christ, le lama porta à sa connaissance que, dans tout l'Orient, particulièrement au Thibet, le prophète Issa, celui-là même qui avait souffert la Passion à Jérusalem pour avoir prêché la vérité, était en grand honneur parmi eux. Il ajouta, qu'avant de se livrer à la prédication, il avait voyagé dans tout l'Orient, avait fait un séjour prolongé dans l'Inde, où il aurait appris le sanscrit, polémiqué avec les Brahmes et prêché l'égalité. Il aurait aussi passé par la Perse et failli provoquer une révolution parmi les sectateurs de Zoroastre. Cet Issa fut l'un des saints les plus vénérés du calendrier bouddhiste.

A l'appui de ces assertions, le lama consentit à communiquer à M. Notovitch, bien plus, à lui traduire l'un des manuscrits rédigés en langue pâli, manuscrits répandus en grand nombre dans les bibliothèques des bonzeries thibétaines, et dans lesquels sont racontés les principaux événements de la vie du prophète Issa.

Après la lecture de ce manuscrit, authentique celui-là, il n'y avait plus à douter, l'Issa thibétain, était bien le même que celui qui devait plus tard s'échouer à Jérusalem, pour y périr misérablement, victime résignée et volontaire.

Au récit qui leur fut fait de la fin tragique du prophète qui avait prêché chez eux la bonne nouvelle, les prêtres boudhistes, fortement impressionnés, en consignèrent la relation toute fraîche, qu'ils avaient recueillie de la bouche des marchands et colporteurs nomades. Rien d'étonnant à cela, puisque les faits s'étaient passés à Jérusalem au confluent des routes des caravanes asiatiques.

Ce même Jésus étant venu chez eux, lors de son excursion en Orient, étudier les principes de la religion de Çakia-Mouni, pour aller ensuite dans sa patrie répandre la bonne nouvelle, les prêtres boudhistes furent d'autant plus frappés de sa fin malheureuse. Aussi, comme une traînée de poudre, la mort du Nazaréen se répandit-elle partout en Orient, de l'Egypte aux Indes, sur les marchés, dans les foires, les bazars et les caravansérails. Les prêtres boudhistes, épris du plus vif intérêt pour ce martyr d'une cause aussi grandiose, se mirent à rechercher en tous lieux les renseignements les plus complets sur son origine, sur sa famille et sur les moindres détails de son existence.

De là nous serait venue, au dire de M. Notovitch, cette reconstitution étonnante de la vie de Jésus-Christ (chose ignorée jusqu'à nos jours). Et si nous ajoutons, qu'après la coordination de toutes les notes prises sous la dictée en quelque sorte du lama du couvent thibétain où il se trouvait, M. Notovitch a eu la précaution, dit-il, de les soumettre préalablement au métropolitain de Kieff, à Mgr Rotelli et à feu Renan, nous sommes forcés, pour conclure, d'avouer que nous voilà, par ce fait, en présence de deux narrations de la vie de Jésus-Christ : l'une toute légendaire, sans précision aucune, ne possédant aucun document témoignant de son authenticité ; l'autre, non cherchée, exhumée, pour ainsi dire, de l'inconnu, et qui se présente avec tout le poids de docu ments sérieux. — Le débat est ouvert. La vérité doit se faire et se fera, on n'en saurait douter.

Une autre raison milite en faveur du récit thibétain apporté à la lumière : c'est l'ancienne version, non boudhiste cette fois, mais indoue, nous voulons parler de la légende du Christhna de Madoura, non moins célèbre et non moins vénérée que celle dont la révélation vient de nous être faite. Puisque Issa, le Jésus de Nazareth, a appris le sanscrit, a conversé avec les brahmes de l'Inde et avec les bonzes du Thibet, il a dû connaître et s'approprier les deux doctrines qui ont, en somme, le même sens ésotérique et la même portée philosophique d'indépendance et de perfection morale. Cela expliquerait donc parfaitement la pureté morale de la doctrine du Christ, qui aurait fondu les deux en une seule plus synthétique, si c'est possible. De là la grandeur et la sublimité de son enseignement, qui résume la philosophie orientale dans ce qu'elle a produit de plus monumental. La personnalité d'Issa, du dernier initiateur, ne peut qu'en être rehaussée, sans pour cela que celle de ses précurseurs, de ses ancêtres, Bouddha et Christhna, en soit le moins du monde atténuée.

En somme, pour conclure et terminer ce chapitre, un peu long peut-être, sur les grands initiés de l'Inde, sujet qu'il nous fallait traiter avec documents à l'appui, nous pouvons, sans être téméraire, nous plaçant sur un terrain solide, exclusivement scientifique, avancer qu'à l'heure actuelle, en Occident, des phénomènes psychiques, analogues, en plus ou en moins, peu importe, à ceux connus dans l'Inde depuis les temps les plus reculés, ont été constatés et recueillis ; qu'ils forment déjà un contingent des plus sérieux ; que le nombre s'en accroît chaque jour, par suite des recherches de savants consciencieux rebelles à toute pensée de charlatanisme et de marchandage. Dès lors, on est en droit d'espérer, qu'au moyen de nos procédés d'investigation rigoureuse, on arrivera, avec le temps, à reconstituer une science particulière et incontestable des phénomènes psychiques. Sa synthèse dégagée, le merveilleux, qui l'a entourée jusqu'ici, disparaîtra et, dès lors, la science moderne étant en parfait accord avec la science antique sur cette question de l'âme, sujette à tant de controverses, l'homme ayant une notion plus raisonnée de la loi qui régit sa destinée ici-bas et au delà, verra approcher sa fin avec plus de sérénité ; et la science, une fois de plus, aura obéi à sa voix émancipatrice en dissipant les ténèbres de l'ignorance, cette plaie qui entrave tout progrès.

CHAPITRE V.

Continents disparus. — Races adamiques
Notions des anciens.

I

Dans les légendes les plus anciennes qui nous sont parvenues, au sujet de la présence de l'homme sur notre globe terrestre, il y a un fait important à constater tout d'abord, c'est que le nom d'Adam, consigné dans ces légendes, ne s'applique pas à un seul individu connu d'habitude sous le nom d'Adam, mais à des suites d'Adams, terme générique du genre humain : à des races adamites, en un mot.

Tous les récits allégoriques contenus dans les livres sacrés ésotériques et mêmes exotériques des anciens peuples sont d'accord sur ce point.

Si le nom d'Adam apparaît comme un nom propre dans la genèse hébraïque, il n'est pas douteux cependant, que, dans certains passages de la Bible, ce nom d'Adam possédait le même sens générique dont nous venons de parler.

Bien plus, ni le déluge chaldéen, ni le déluge biblique (récits de Xisuthrus et de Noah) n'ont pour base les cataclysmes qui firent disparaître l'Atlantide, catastrophes enregistrées dans l'allégorie indienne de Vaivaswata-Manu. Ces allégories ésotériques ont eu pour point de départ les fameux mystères de Samothrace.

Si les plus anciens Chaldéens ont connu l'ésotérisme véritable célé, caché sous la lettre des légendes pouraniques, les autres nations portèrent ailleurs leur attention et, en particulier, sur les mystères de Samothrace en les allégorisant (1), puis en firent l'adaptation à leurs notions astronomiques, anthropologiques, ou plutôt phalliques.

(1) A ce propos, nous ferons observer que les fameux mystères des Druides ont pris naissance à Samothrace même ; et qu'en quittant ce pays, les Celtes, après les avoir recueillis, les apportèrent dans les Gaules et en firent la base de leur religion.

DÉLUGE DE SAMOTHRACE

Le déluge de Samothrace eut un profond retentissement dans l'antiquité, ce cataclysme ayant submergé la contrée de ce nom. Les eaux, à la suite de cette révolution cosmique, s'élevèrent jusqu'à la cime des plus hautes montagnes.

Par suite de cet événement qui survint bien avant l'époque du célèbre voyage des Argonautes, l'île de Samothrace fut inondée presque subitement par les eaux de l'Euxin, alors considéré comme un lac.

DÉLUGE DE NOÉ

En outre de cette légende qui frappa fortement l'imagination des hommes dans l'antiquité, es Israélistes conçurent une autre allégorie qui prit naissance à la suite de la révolution ou cataclysme mentionné sous le nom de déluge asiatique, et qui transforma le désert actuel de Gobi en une vaste mer. Et ce fut après cet événement que plusieurs Noés et leurs familles, forcés d'abandonner leurs demeures, se réfugièrent sur les montagnes environnantes.

On commence seulement, depuis quelques années, à pouvoir reconstituer l'histoire de ces premiers âges de l'Humanité.

En effet, des fouilles exécutées au lieu dit de Kouyunik (ancienne Chaldée), ont permis de découvrir et de recueillir un amas considérable de fragments de briques, au nombre de centaines de milliers, de même que dans les excavations appelées excavations Layard, du nom du directeur des fouilles. Ces débris, portant en creux des caractères cunéiformes, n'ont pu encore être déchiffrés pour la plupart, vu leur grand nombre ; toutefois, plus de 20,000 inscriptions ont déjà été réunies. Du peu qu'on en a pu déchiffrer, après un travail de classement préalable, il semble d'ores et déjà acquis à la science :

1° Que des races primitives, génératrices de celles qui les suivirent et dont nous sommes issus, la première à disparaître fut une race noire (Zalmat Gayuadi), que les Babyloniens appelaient les *adami* de race noire ; et celle des Sarku, une race blanche demeurée pure durant une longue série de temps (époques).

2° Que les Babyloniens reconnaissaient deux races principales au temps du cataclysme : la race des Dieux (les éthérés célestes doubles de Pitris (les ancêtres), ayant précédé ces deux races. C'est du moins l'opinion émise par sir Rawlinsons).

Ces races seraient nos progéniteurs et auraient donné naissance à notre seconde et troisième race.

Qu'il y avait sept Dieux (1) ; que chacun d'eux créa un homme, ou mieux un groupe d'hommes, et furent les Dieux *emprisonnés*, à proprement parler *incarnés*.

Ces Dieux furent le Dieu *Zi* ; le Dieu *Zisku* (noble vie de pureté et de chasteté), le Dieu *Mirku* (noble couronne, sauveur de mort des Dieux), de plus emprisonné ou incarné, et le Créateur de la race noire, qui de sa main a procréé le Dieu *Libzu* (sage parmi les Dieux), le

(1) Ne serait-ce pas là par hasard l'origine du septennaire; système qui, de l'antiquité, s'est acclimaté jusqu'à nous ?

Dieu *Nissi* et le Dieu *Suhhab* ; puis *Héa* ou *Sa*, leur Synthèse : le Dieu de sagesse, du profond, du caché, de l'abstrait, identifié avec *Oannés-Dagon*, au temps du cataclysme, et appelé collectivement le Demiurge ou Créateur. (Voir les récits chaldéens de la Genèse).

De cette nomenclature des Dieux, d'après les tablettes babyloniennes et les récits de la Genèse, sont sorties deux créations distinctes, dont il est facile de se rendre compte ; nous voulons parler des créations *Elohites* et *Jého-vites*. (Voir les premiers chapitres de la Genèse et les récits babyloniens).

Quoi qu'il en soit, si l'ordre propre à ces deux créations distinctes, n'a pas toujours été conservé dans ces traditions, aussi bien que dans d'autres récits exotériques, cet ordre se rattacherait cependant, selon les enseignements ésotériques, à la formation respective des sept races adamiques primitives, par les *Pitris* ou *Elohim* ; et à tous les groupes humains, après le cataclysme.

Cela ressort de l'étude et de la comparaison des écrits connus de tous les anciens peuples, la Bible incluse,

Quel nom convient-il de donner aux continents sur lesquels les quatre premières grandes races qui précédèrent notre propre race Adamique naquirent, se développèrent et prirent fin, ainsi que la Providence, immuable en ses desseins, l'avait décrété.

Quant aux noms precis à donner à ces continents préhistoriques, il est difficile d'en pré senter la nomenclature exacte, leurs appellations archaïques et ésotériques furent nombreuses, diverses et varièrent selon le langage des groupes de nations qui les mentionnèrent dans leurs annales et dans leurs écrits. Ainsi, par exemple, le continent qui, dans le Vendidad se trouve désigné comme étant l'Aria-Vaego (v. Bund. p. 79, 12.), et où naquit le premier Zaourhastra (1), est appelé dans la littérature des pourahnas *Sweta-Dwipa*, mont Méru, l'habitation de Vishnu, etc.., etc., et, dans la doctrine secrète, il est simplement nommé la terre des Dieux, sous leurs chefs, les Esprits de cette planète.

(1) On connaît plusieurs Zaourhastras : le dernier fut fondateur du temple du feu d'Azareks et l'auteur des ouvrages sur la première religion de la magie sacrée. Ce temple a été détruit par Alexandre.

C'est pourquoi, pour plus de clarté dans cette exposition, importe-t-il de donner à ces quatre continents des noms plus en rapport avec nos idées modernes : ce qu'ont fait mes devanciers.

II

PREMIER CONTINENT. — TERRE SACRÉE. — L'INDESTRUCTIBLE

La raison de ce nom provient de ce que, d'après la doctrine ésotérique, ce continent n'a jamais partagé le destin des autres continents. Il devait demeurer, depuis le commencement, jusqu'à l'expiration du *Manvatara*, à travers chaque cycle.

Il était le berceau du premier Adam et l'habitation du dernier mortel divin choisi comme un Sistha (siège), pour l'humanité, devant présider à la semence future de l'Humanité.

De cette terre mystérieuse et sacrée, très peu de détails nous restent, si ce n'est seulement, d'après une expression poétique consignée dans un des commentaires « que l'étoile du Nord a constamment ses yeux vigilants fixés

8.

sur lui, de l'aurore ou point du jour, jusqu'à la fin du crépuscule d'un jour du grand souffle de la grande création ». (Dans l'Inde, ce jour est appelé le jour de Brahma ; dans la Bible, *ioum* jour, traduit à tort par jour, évolution de la terre en vingt-quatre heures, tandis qu'*ioum* correspond au jour de Brahma qui correspond à l'évolution d'un cycle entier, d'un *Manvatara*.

Deuxième Continent. — L'Hyperboréen

On a appelé hyperboréen le continent qui étendait ses contours vers le sud et l'ouest du pôle nord. Il avait reçu la seconde race, et renfermait en outre la contrée connue actuellement sous le nom d'Asie septentrionale. — Tel était le nom donné par les plus anciens Grecs à la région éloignée et mystérieuse où, dans leurs traditions, ils font apparaître chaque année, et périodiquement le Dieu Apollon, décrivant son voyage astronomique en suivant le cours du soleil.

Apollon n'est qu'un mythe ; il personnifiait le cours du soleil ; il abandonnait chaque année ses sanctuaires de l'Hellade, et aimait à visiter cette contrée lointaine où jamais l'astre radieux ne se couchait pendant une moitié de l'année. (v. l'*Odyssée*: vers X, 86.)

Tel est le sens ésotérique de ce mythe. Si on le considère maintenant au point de vue historique, ou mieux peut-être, au point de vue ethnologique et géologique, le sens en est tout différent.

La terre des Hyperboréens, la contrée qui s'étendait au delà du Boreas (du Nord), le cœur gelé, Dieu des neiges et des ouragans, qui aimait à s'endormir pesamment sur la chaine des monts Riphœus, n'était point une contrée idéale sortie des élucubrations mythologiques, pas plus qu'une terre se trouvant dans le voisinage de la Scythie et du Danube (V. Volcker, géographie mythologique, pp. 146, 10. 70), elle constituait réellement un vaste continent où l'on ne connaissait pas l'hiver, dans les premières époques de sa constitution.

De ce continent, il ne nous reste actuellement que quelques débris, où, durant l'année, les jours sont égaux aux nuits.

D'après les récits des Grecs, les ombres nocturnes jamais ne tombent sur ce sol béni, car elle était la terre privilégiée d'Apollon, le Dieu de la lumière, et ses habitants sont ses bien-aimés, ses prêtres sacrificateurs et ses serviteurs.

Si maintenant ce symbolisme peut être considéré comme une fiction, alors il n'en était point ainsi ; quoique poétisée, la vérité se dégageait facilement du symbole.

3ᵉ Continent. — La Lémurie

Ce nom de Lémurie a été donné, en 1850 et 1860, par M. P. L. Sclater, dans son ouvrage sur les premiers temps zoologiques. Ce savant affirme et soutient que, dans les temps préhistoriques, il existait un continent qui semblait s'être étendu de Madagascar jusqu'à Ceylan et Sumatra (1), en comprenant quelques portions de l'Afrique actuelle.

(1) L'oiseau Rock, oiseau prodigieux par ses dimensions, existe encore dans l'île de Madagascar. Cet oiseau, beaucoup plus grand et plus fort que le condor des Andes, provient évidemment d'une race anté-diluvienne

Tout autre devait être le gigantesque continent qui s'étendait de l'Océan Indien à l'Australie. Il a maintenant entièrement disparu sous
les eaux du Pacifique, ne laissant çà et là que
quelques-unes des cimes de ses terres monta-
gneuses, dont la conformation actuelle ne présente plus que des iles émergeant du milieu de
l'immense étendue des eaux du Pacifique.

M. A.-R. Wallace, le naturaliste, étend l'Australie des périodes tertiaires jusqu'à la nouvelle
Guinée, les iles Salomon comprises, et peut-
être jusqu'aux Fidjï (V. Volcker. Mythologie
géographique, pp. 145 à 170). En étudiant les
types marsupiaux des terres actuelles, il établit
leur connexion avec ceux qui existaient avant
la transformation sur le continent septentrional
pendant la seconde période. (V. les écrits de
M. X. Gould, monstres mythiques, p. 47.)

Il faut remarquer, toutefois, que M. Wallace

sur le point de disparaître. N'aurait-il pas continué son
séjour à Madagascar après la rupture du continent ou sa
disparition lors du grand cataclysme ? Il reste peu de
spécimens de cet oiseau. Très farouche, très sauvage,
sa reproduction devient de plus en plus rare,

n'accepte pas l'idée de M. Sclater sur cette question, et souvent lui est opposé. (M. Wallace, ouvrage précité, p. 7, 8.)

M. Sclater suppose une terre ou continent comprenant l'Afrique, Madagascar et l'Inde, mais non pas l'Australie et l'Inde. Quant à M. Wallace, il cherche à démontrer dans son ouvrage, que la distribution des animaux et leur existence sur cette terre, ne saurait être alléguée ; que l'hypothèse de l'existence d'une terre semblable sur cette base serait en désaccord avec les faits zoologiques. Il admet cependant qu'une terre, à contours très arrêtés, se terminant à proximité de l'Inde et de l'Australie, a existé certainement dans un temps très reculé, à n'en pas douter, à l'époque prétertiaire. Il ajoute de plus, au cours d'une lettre particulière, qu'aucun nom n'avait été donné à cette terre supposée, mais qu'il ne voyait aucun inconvénient à ce que cette terre fût appelée Lémurie, et à lui assigner, comme époque, l'âge prétertiaire, acceptant ce nom pour le troisième continent. Il disparut sous les eaux avant le développement complet de l'Atlantide ;

et quant à cette dernière contrée, elle sombra,
ainsi que ses assises principales, avant la fin de
la période miocène.

4ᵉ CONTINENT. — L'ATLANTIDE

Le quatrième continent ne serait autre que la
première terre historique dont les traditions
des anciens nous ont conservé le souvenir
avec de nombreuses pièces à l'appui, entre
autres la fameuse île de Platon, de ce nom,
l'un des derniers débris de ce « grand continent disparu. »

Dans l'état actuel de la science, il est prouvé,
qu'à des temps géologiques récents, la région
du nord de l'Afrique était, en réalité, une péninsule de l'Espagne, et que son union avec
l'Afrique propre fut effectuée au nord, par la
rupture de Gibraltar, et au sud, par un affaissement auquel le Sahara doit son existence.

Les rivages de cette mer précédente sont encore marqués, d'une part, par les coquilles du
même gastropode vivant de nos jours sur les
rivages de la Méditerranée ; de l'autre, par la
présence d'une espèce de singe, sur le rocher de

Gibraltar, ayant son similaire dans l'intérieur de l'Afrique actuelle. (V. Oscar Schmith, Doctrines of descent Darwinsm, p. 244.)

5e CONTINENT. — L'AMÉRIQUE. — L'EUROPE

Le cinquième continent était l'Amérique. Il était réputé chez les anciens peuples comme devant être situé aux Antipodes ; c'était en réalité l'Europe, et l'Asie Mineure, terre presque contemporaine de l'Amérique, que les Indous ont voulu généralement mentionner dans leurs divers récits ésotériques.

Si l'enseignement des initiés eût pris pour règle l'ordre géologique et géographique, cette classification aurait dû être changée ; mais il n'en était point ainsi ; les sages, les instructeurs de l'Occulte suivirent l'ordre de l'évolution des races, de la première à la cinquième, attribuant à chacune d'elles une habitation particulière. Ce ne fut que beaucoup plus tard, au moyen de l'émigration, que les races se mêlèrent en se fusionnant.

En conséquence, l'Europe peut donc en réalité être appelée le cinquième continent.

Dans les enseignements de la doctrine secrète, il n'est tenu aucun compte de la classification géographique moderne qui assigne à la distribution des terres et des mers leur véritable place. Loin de là et, du reste, depuis les jours les plus reculés de ces enseignements, depuis la destruction de la grande Atlantide, la surface de la terre a changé plus d'une fois. Il fut un temps, où le delta de l'Egypte et le nord de l'Afrique appartenaient à l'Europe, avant la formation du détroit de Gibraltar ; où un affaissement ultérieur du continent changea complètement la carte géographique de l'Europe.

Le dernier changement mentionné survint il y a quelque 12,000 années, et fut suivi de la submersion de la petite île atlantide de Platon qu'il appelle *atlantis*, reste de l'ancien continent de ce nom.

Dans les temps antiques, la Géographie faisait partie des mystères, et formait une science secrète divulguée aux seuls initiés, et non aux géographes profanes ignorant ces mystères. D'où la conséquence que, maintes fois, des différences d'interprétation se sont produites, lorsque, les documents, parvenus jusqu'à nous, provenaient soit des géographes non initiés, soit des initiés eux-mêmes. Un double enseignement existait donc Et c'est le point que les modernes, selon nous, n'ont point envisagé dans leur appréciation, et ce qui les a le plus souvent induit en erreur.

CHAPITRE VI

Notions des Savants modernes sur les vieux Continents disparus

Après avoir rapporté ici l'opinion des grands initiés de l'Inde sur la disparition de l'Atlantide et du grand continent polynésien, ainsi que la classification donnée par eux des terres connues de l'antiquité, et des races qui les habitaient, il nous reste à contrôler leur dire, à la lumière de la science moderne, par l'exposé des théories les plus récentes sur ce sujet.

Quelle devait être la configuration de l'Inde à l'époque du dernier Diluvium ?

Respectés par les eaux, en raison de leur altitude qui leur avait opposé une barrière infranchissable, les hauts plateaux des monts Himalaya devinrent le refuge de groupes de Rutas, premiers habitants de la contrée, avons-nous dit plus haut, et ancêtres des Indous. Ils échappèrent au cataclysme, et, s'accroissant en nombre avec le temps, rayonnèrent et répandirent leurs essaims dans les nouvelles formations des terres laissées à sec par le retrait des eaux.

Alors que l'Europe était le pays du renne et de l'homme des glaces, il existait du tropique nord au tropique austral, sur une longue ligne qui s'étendait de l'ouest à l'est, de l'Inde et de la Chine à la Polynésie, du Mexique à l'Atlantide, de vastes continents, dont les habitants étaient arrivés déjà à un haut degré de civilisation ; continents qui furent en partie submergés au dernier cataclysme diluvien.

L'Atlantide disparut, ne laissant que quelques îles : Madère, les Canaries, les Açores, le Cap Vert.

Le continent polynésien, grâce à ses hautes montagnes, laissa des milliers d'îles, îlots, pointes de rochers, récifs, pour témoigner de son existence antérieure.

La plus grande partie de l'Asie fut modifiée dans ses contours et regagna d'un côté ce qu'elle perdait de l'autre. Un continent nouveau surgit presque en entier : l'Afrique.

Les contrées occidentales, grâce au déplacement d'équilibre de la terre, reçurent plus directement l'action bienfaisante du soleil ; et peu à peu, la nature couvrit de végétaux les vieilles terres du renne et des glaciers.

Sur les hauts plateaux de l'Himalaya ; dans les nombreuses îles de la Polynésie, quelques groupes de la vieille race étaient restés ; ceux de l'Inde trouvaient devant eux la vaste terre, et se développèrent, continuant la tradition du passé.

Le grand livre des Védas avait été retrouvé par Vishnou déguisé en poisson, dit la légende religieuse ; et peu à peu, les descendants des Rutas (nom que les Indous donnent à leurs ancêtres), envahirent le globe par deux courants irrésistibles.

L'un, au sud, par l'Iran, l'Arabie et l'Egypte, l'autre, à l'ouest et au nord, par l'Iran occidental, l'Asie mineure, la Grèce, l'Italie, le Caucase, la Russie, la Scandinavie, la Germanie, la Gaule.

Les émigrations du Sud parlaient le tamoul qui était la langue vulgaire ; les émigrations de l'ouest et du nord parlaient le sanscrit qui était la langue des castes élevées (1).

C'est ainsi que nous retrouvons au sud, à l'ouest et au nord, les mêmes traditions, les mêmes croyances : la trinité égyptienne et la trinité scandinave, Osiris-Isis-Horus et Unko-Lionatar-Waïsnasnoinen, toutes deux issues de Brahma-Vichnou-Siva ; la genèse des hiérophantes de Thèbes et de Memphis, et la genèse

(1) *Nota.* — Un fait récent tendrait à corroborer cette hypothèse. M. Bouquet de la Grye, envoyé en mission à Ténériffe, il y a quelques années, pour déterminer la position géographique de quelques points, eut la curiosité de gravir le pic de Ténériffe, et là il rencontra les bergers de Gomera qui possèdent un langage sifflé qu'ils tiennent de Guanches ; les modulations représentent des idées et des articulations, et les sons qu'ils émettent s'entendent à des distances prodigieuses. Ce langage extraordinaire ne serait-il pas un vestige de l'un des langages des anciens habitants de l'Atlantide disparue ? Nous pensons que les Guanches sont les descendants dégénérés des anciens atlantes. J'appuie cette assertion sur ce fait qu'en sanscrit, le mot guanche vient de Guhyain naman, nom mystique, secret, mystérieux. Or la doctrine secrète antique attribuait aux Atlantes le don de magie avec des pouvoirs extraordinaires sur la nature,

de Kalevala, issues toutes deux de la genèse de Manou.

Les autres groupes de Rutas échappés au grand cataclysme polynésien submergé, réduits à vivre sur ces ilots, sans possibilité d'expansion extérieure, perdirent avec le temps une partie des grands souvenirs du passé ; mais, par contre, ils conservèrent, sans les modifier, par des fréquentations extérieures, leurs croyances religieuses, leurs castes, leurs coutumes civiles, leurs préjugés, leurs superstitions, leur langage.

Tout cela, il est vrai, s'est rapetissé, s'est harmonisé avec l'ilot, le récif habité. — Telle croyance a perdu son symbole ; telle superstition a disparu ; telle autre, au contraire, s'est généralisée.

La langue s'est simplifiée au point de ne plus permettre la moindre conversation philosophique ou scientifique ; mais le sceau ineffaçable de l'origine commune s'est conservé ; et à tous les points de vue ethnographiques, il est permis de dire avec Jacolliot, l'auteur du *Buisson australien* « que l'Inde et la Polynésie sont sœurs. »

Des milliers, peut-être des centaines de mille ans, ont passé sur ces faits. La nature, que les peuples primitifs symbolisèrent dans le principe comme étant la mère de la Divinité, n'a pas interrompu son œuvre.

Les contrées polaires, avons-nous dit plus haut, sont en ce moment dans leur période glaciaire ; le pôle du froid n'est déjà plus le pôle géographique ; la terre appauvrie par les âges passés se repose sous sa couche de neige et de glace ; mais, après le sommeil, viendra le réveil en ces contrées ; et avec lui de nouvelles destinées se présenteront pour elles.

La géologie, ainsi que la géographie, nous apprennent qu'avant le dernier cataclysme, l'Amérique était en quelque sorte soudée au continent asiatique. Ce dernier se rapprochait, par l'est, des côtes californiennes de l'Amérique : les nombreux groupes d'îles de l'Océanie polynésienne sont les derniers vestiges de cette portion des continents disparus.

Quant au groupe mélanésien, à partir du détroit de Bali et de Lombock, il se soudait au continent australien.

Le célèbre voyageur Russel, qui a sondé ce

détroit, a prouvé, dans ses travaux hydrogra-
phiques, que la côte asiatique se prolongeait
dans l'est, sous l'Océan, avec de faibles profondeurs de 40 à 50 brasses à peine : ce qui établit,
d'une manière indiscutable, que ce détroit était
bien la séparation géologique des deux continents primitifs océano-mélanésien et asiatico-
polynésien.

Pour prix de cette remarquable découverte,
Russel a reçu la grande médaille d'or qui lui a
été décernée par les Sociétés géographiques de
Londres et de Paris. On peut ajouter, d'ailleurs,
qu'il n'y a aucun rapprochement à faire entre
les habitants, les animaux, les plantes des deux
pays. Ce fait, reconnu, par tous les naturalistes,
a été confirmé à nouveau, pour ainsi dire, par
Jacolliot, lors de son séjour dans ces contrées.
Alors, dit-il, que les naturels polynésiens sont
incontestablement des Asiatiques par les types
et les mœurs, les Mélanésiens, avec leurs membres grêles, leur couleur de suie, leur intelligence rudimentaire, sont certainement une race
à part, intermédiaire, en harmonie avec les productions de son sol, et dont le rôle dans l'uni-

vers ne s'est guère élevé au-dessus de la brute.

Du côté ouest, par rapport à l'Indoustan, le continent asiatique était baigné par une mer qui occupait les contrées connues sous le nom de Bélouchistan, Afghanistan, Perse et Tartarie. Il s'étendait, si l'on s'en rapporte aux steppes et aux déserts salés de formation récente, jusqu'à l'Océan glacial du Nord.

Ainsi toute la contrée, où certains orientalistes, marchant à la remorque des Allemands, font épanouir des civilisations aryennes, touraniennes, accadiennes, et combien d'autres, était encore sous les eaux à l'époque où le cerveau fertile de leurs inventeurs les fait vivre !

Le dernier cataclysme diluvien a découvert ces terrains en agrandissant d'autant le continent asiatique, qui se trouve ainsi en correspondance directe avec l'Egypte et les contrées occidentales.

L'Inde regorgeait de populations, et l'émigration qui jusqu'alors s'était dirigée vers l'est, ainsi que le témoignent les signes ineffaçables qu'elle a laissés sur son parcours dans l'Indo-

Chine, la Chine, le Japon et l'Océanie, s'écoula par les routes nouvelles que l'Océan venait de tracer en se retirant.

Les contrées nouvellement asséchées ne surent pas retenir les émigrations ; elles servirent de voie, pour gagner, d'un côté, l'Arabie et l'Egypte ; et de l'autre, les pays européens, par la Tartarie et le Caucase.

Toute l'ancienne Chaldéo-Babylonie avec ses déserts salés, ses oasis rabougris, n'a pu nourrir que des tribus nomades ; et cette foule mêlée de petits peuples parlant tous des idiomes différents, que Bérose, Eschyle et tous les historiens de l'Antiquité signalent comme ayant colonisé cette contrée, sont certainement des émigrants de toutes castes, chassés de l'Inde par les révolutions serviles et la lutte des prêtres et des rois : luttes diverses consignées avec soin, et dans les plus grands détails, dans les livres chronologiques de l'Inde.

La Chaldéo-Babylonie n'a pu être le berceau de la civilisation antique, ainsi que l'ont soutenu jusqu'ici la plupart des savants. Revenant donc sur cette question importante qui prime notre sujet, nous dirons que, sauf les contrées qui avoisinent l'Euphrate et le Tigre, devenues il est vrai, un centre de réunion pour les pasteurs nomades environnants, le pays se prêtait mal à des établissements stables et durables d'une civilisation avancée.

Sauf les rives des deux fleuves de l'Euphrate et du Tigre, le surplus de la contrée n'était, avons-nous dit plus haut, qu'un composé d'oasis et de déserts salés, contrée infertile et déserte, laquelle ne devait se prêter d'aucune façon aux immenses agglomérations d'hommes dont les récits légendaires du passé font mention ; récits que viennent controuver aujourd'hui les sciences géologique et géographique.

En effet, prenez une carte. Si vous tracez une ligne du golfe Persique à la mer Caspienne et que vous la dirigiez, par la mer d'Aral, dans les plaines de Bokara, par les monts du Kaboul et du Sind, que découvrez-vous ? Une contrée dont les sept dixièmes appartiennent à des déserts salés : ce qui dénote évidemment les traces de l'Océan disparu.

Que devient alors ce prétendu berceau des

Arias, des Touraniens, des Accadiens, des Summériens, et de bien d'autres prétendus peuples sortis de l'imagination fantaisiste d'ethnographes en mal d'enfant ?

Ces savants officiels sont-ils d'accord, au moins, sur leurs créations fantastiques ? Il s'en faut du tout au tout. Oyez plutôt. — Ils se contredisent ; ils se nient l'un l'autre, se combattent à outrance. A en croire chacun d'eux, leur système est le seul viable, celui du voisin ne vaut rien.

En somme, tous ces millions d'hommes que l'on fait mouvoir dans un cadre de contrées stériles et inhabitables, représentent un pur mirage.

Seules de ces contrées, avons-nous dit, les rives de l'Euphrate et du Tigre ont pu recevoir à demeure des populations stables, qui se réfugièrent, à l'heure du danger, dans les murs clos et fortifiés de Babylone et de Ninive, afin d'échapper aux atteintes des hordes nomades, pillardes, dont elles étaient menacées ; encore est il que ces populations ne pouvaient se dénombrer par millions : l'espace leur eût manqué, et mieux encore les ressources nécessaires pour leur alimentation eussent fait défaut.

Ces contrées, en un mot, n'ont été, dans l'antiquité, et ne pouvaient être qu'un lieu de passage pour les exodes de la haute Asie, pour les émigrations des Indous qui, nous le verrons plus tard, en repeuplant le monde, à peine remis du grand cataclysme diluvien, laissaient, sur leur passage, des groupes armés qui s'établissaient là où la position leur semblait favorable à leur établissement.

La Chaldée Babylonienne a dû être l'une de ces stations. Ce qui le prouve, c'est l'identité des traditions et des légendes qui se sont modifiées, il est vrai, dans un milieu nouveau, tout en conservant, cependant, le cachet de leur origine.

Tous les peuples de la Chaldo-Babylonie, de l'Asie-Mineure et de l'Egypte furent si bien des émigrants de l'Indoustan, que nous allons retrouver chez eux les traditions diluviennes du Mahâbharata et autres ouvrages religieux des Brahmes, écrits après le cataclysme. Nous n'avons qu'à consulter, à ce sujet, les légendes

diluviennes d'Haripourana et du Siva-Pourana
(livres indous) ; les chants du Pralaya, au Hari-
Pourana ; la concordance curieuse avec le déluge chaldéen relaté par Bérose, tradition de
Xisouthrous, à rapprocher de l'épopée d'Zzdou-
bar (déluge chaldéen) ; le déluge hébraïque
(récits de la genèse).

Les trois légendes du déluge Indou, Chaldéen et Hébreux ont donc une source commune ; et chose curieuse, une similitude
étrange avec la légende polynésienne de la création, aussi bien qu'avec les récits des Atzèques
de l'Amérique sur la même création.

De plus, Indous, Chaldéens et Hébreux sont
d'accord pour reconnaitre l'existence de dix
personnages identiques ; rois ou patriarches,
soit dynasties, qui auraient régné dans ces
pays avant le grand cataclysme asiatique.

Enfin, comme dernière preuve à l'appui que
les Indous sous le nom de Rutas, ont habité
le grand continent polynésien disparu sous les
eaux, avant le diluvium asiatique, il est bon
de relater ici que la genèse polynésienne, ainsi
que le panthéon de ses dieux, présente des con-

formités frappantes avec la genèse indienne, le panthéon indien et avec la bible hébraïque : mêmes fonctions, mêmes noms en sanscrit et en mahori (langage de la Polynésie), ce qui ne saurait être fortuit, et souvent même idiome. En veut-on les preuves ? elles abondent dans les exemples suivants :

Sanscrit	Mahori
Tamara, tronc d'arbre, levier, massue.	*Tamara*, cœur d'arbre.
Totara, hérisson.	*Totara*, hérisson de mer.
Ura, braise rouge.	*Ura*, flamme.
Upa, dense.	*Upa*, dense.
Ula, sable.	*Ula*, terre.
Gugupa, tourterelle.	*Uupa*, tourterelle. (1)
Ari, noble, chef de maison, roi.	*Arii*, chef de famille, de la caste royale.
Ara, prompt, éveillé, rapide.	*Ara*, être sur ses gardes.
Ariva, faible, débile.	*Ariva*, mince, délicat.
Maya, femme de magicien, de médecin, sage-femme.	*Maia*, sage-femme.
Matara, libre, affranchi.	*Matara*, délié, être débarrassé.
Mana, considération, puissance.	*Mana*, pouvoir, influence.

(1) U = G guttural. Le G n'existe pas en mahori.

Sanscrit	Mahori
Niva, fin, mort.	*Niva*, enterrer, enfouir.
Nupa, sombre obscur, ombragé.	*Nupa*, obscurité fourré.
Urupa, tempête.	*Urupa*, vent violent.
Rata, réjoui.	*Rata*, doux, joyeux.
Tana, mari.	*Tané*, homme marié.
Tripa, emporté, insolent.	*Iripa*, pétulant, insolent.
Vahin, femme enceinte.	*Vahiné*, femme mariée.

Ces exemples de comparaison pourraient s'étendre beaucoup plus et former tout un dictionnaire. La seule objection à présenter entre les deux idiomes c'est que le mahori est resté à sa période aglutinative, tandis que le sanscrit a depuis longtemps atteint la forme plus scien tifique de la flexion. Encore, cette observation est-elle peu sérieuse, puisque l'on sait que tout langage, d'abord monosyllabique, a passé par la forme agglutinative avant d'arriver à la flexion. Puisque nous parlons du rapprochement de l'idiome mahori avec le sanscrit, nous ferons observer que le mahori océanien se parle de la Nouvelle-Zélande aux Sandwichs, aux Iles Marquises, aux Iles de la Société, à Taïti, et dans l'Archipel des Poumoutou.

Si nous passons à la classification des Dieux

dans les deux Panthéons Indou et Polynésien, nous remarquons que si les vocables ne concordent pas toujours, la classification de ces dieux est la même, et comme attributs et comme nombre.

RAPPROCHEMENT SINGULIER

LE DIEU IRRÉVÉLÉ

Panthéon Indou	*Panthéon polynésien*
Dans l'Inde :	En Polynésie :
Zyaus.	Yyoiho (1).

LE PRINCIPE MÈRE DE LA DIVINITÉ

Dans l'Inde :	En Polynésie :
Brahma.	Taaora.
Vischnou.	Ina.
Siva.	Oro.

DIEUX INFÉRIEURS MANDATAIRES
DE LA DIVINE TRINITÉ

Dans l'Inde :	En Polynésie :
Indra, Dieu des sphères célestes.	Oro, Dieu des cieux inférieurs.
Varouna, Dieu des eaux.	Tane, Dieu des eaux.
Agni, Dieu du feu.	Hita, Dieu du feu.
Pavana, Dieu du vent.	Haui, Dieu du vent.

(1) Le Z = Y en linguistique.

Dans l'Inde :	En Polynésie :
Yama, juge des morts, Dieu des régions infernales.	*Manotoaha*, Dieu des enfers.
Couvera, Dieu des richesses.	*Foaha*, Dieu des richesses.
Cartikeia, Dieu de la guerre.	*Toa*, Dieu de la guerre.
Cama, Dieu de l'amour.	*Roha*, Dieu qui préside à l'union des sexes.
Sourya, Dieu du soleil.	*Ra*, Dieu du Soleil.
Soma, Déesse de la lune.	*Merrama*, Déesse de la lune.
Ganesa, Dieu qui préside aux heureuses entreprises.	*This*, Dieu qui préside aux heureuses entreprises.
Poulear, Dieu des champs.	*Thi*, conservateur des bornes et des Maraë.
Néiritia, Dieu des voleurs et du commerce.	*Hiro*, Dieu des voleurs.
Isania, Dieu qui protège les travaux des champs.	*Thi*, Dieu qui protège les champs.
	Mara, Dieu de la pêche.

En présence de ces similitudes étranges, dénotant une coïncidence qui ne saurait être fortuite, et qui s'ajoutant, avec autorité, osons-nous dire, aux données géologiques et géographiques modernes que pourrait-on répondre ?

Nous parachevons notre démonstration par l'exposé des beaux travaux de reconstitution de la géographie préhistorique de M. Emile Blanchard, qui viennent corroborer, par surcroît, ce que nous avons rappelé plus haut.

M. Emile Blanchard, après avoir démontré que l'Amérique communiquait naguère encore avec l'Europe, par les Iles Britanniques, les Féroë, l'Islande et le Groënland, a démontré pareillement, dans ses dernières études, que l'Ancien Continent communiquait de même avec le Nouveau; du côté de l'Est, par le détroit de Behring et l'Archipel Aléoutien, dont les iles forment encore comme les piles d'un pont gigantesque écroulé.

C'est par la faune et la flore que M. Blanchard est arrivé à pouvoir affirmer que la séparation est récente. Plusieurs plantes ont été signalées par lui comme ayant été retrouvées à la fois en Sibérie, en Chine et dans l'Amérique du Nord. — La faune comprend de même plusieurs sujets communs au vieux monde et à l'ancien.

Transformisme. — M. Reclus et d'autres savants considèrent la terre comme un être animé, dénué de cerveau, cela va de soi, mais doué d'une vie propre, grandissant, vieillissant, se modifiant sans cesse.

Dans une séance de l'Académie des Sciences, M. Blanchard a grossi cette phalange, en montrant que pas plus que ses plus modestes habitants, la terre n'échappe à la loi du transformisme. Cette loi, du reste, n'est pas nouvelle, Manou, le grand législateur de l'Inde l'a connue.

M. Blanchard, déjà cité, ajoute, en parlant de l'époque de la séparation des deux mondes, « qu'un affaissement général, dont la terre submergée de Bass fournit une des preuves les plus concluantes, a déterminé cette séparation, mais à une époque si rapprochée de nous que beaucoup de membres de la flore et de la faune actuelles de l'Europe avaient déjà pu passer du Canada dans le Labrador. »

Venant à la rescousse, M. Gaudry démontre pareillement que de nombreux fossiles « attestent l'existence d'une liaison intime entre les deux continents à l'époque tertiaire.

Là, s'arrête la parenté. Les fossiles de l'époque secondaire diffèrent totalement d'un monde à l'autre. Il est donc probable que les deux continents ne communiquaient pas alors.

Peut-on assigner une date à l'époque de la disparition de l'Atlantide ?

D'après des données très sérieuses, des hypothèses avancées par des savants de premier ordre, il est à présumer que l'effondrement de l'Atlantide continent commença durant la période miocène de l'époque tertiaire, pour finir plus tard par sa disparition totale. Cette disparition eut pour cause le soulèvement des Alpes ; et au moment de la disparition totale, l'île superbe mentionnée par Platon émergea à son tour du sein des flots pour disparaître plus tard.

Les prêtres égyptiens de Saïs sont très affirmatifs sur ce point. Dans un entretien qu'ils eurent avec Solon, lors du voyage de ce dernier en Egypte, ils lui dirent, en précisant la date de cette catastrophe, c'est-à-dire neuf mille ans avant le temps où ils vivaient, le millésime exact conservé par eux dans leurs annales secrètes, en souvenir d'un événement bien fait pour frapper l'imagination des hommes.

Une masse de preuves venant à l'appui de cette affirmation, la science, depuis lors, s'est vue incitée à accepter l'existence du continent Atlantide et du groupe d'île qui en dépendait.

Quant à l'Afrique, si elle n'existait point encore dans les premières époques du continent de Lémurie, première terre habitée par l'homme, elle a pu surgir en tout ou en partie dans la période de constitution du continent de l'Atlandide, deuxième continent mentionné dans les relations secrètes des grands initiés.

D'ailleurs, à une époque relativement récente, la configuration de l'Afrique n'était pas ce qu'elle présente aujourd'hui.

Elle se reliait à l'Europe ; et lors de la période glaciaire occidentale, le grand désert africain n'existait point encore : ce qui explique qu'il a fallu la disparition de la mer, à la suite d'une perturbation quelconque atmosphérique combinée avec d'autres causes, il est vrai, pour que les glaciers d'une partie de l'Europe aient pu se fondre et aider à la débâcle du dernier Diluvium.

A l'époque glaciaire, des forêts de pins exis-

taient sans discontinuer de l'Abyssinie jusqu'à
l'Afrique du Nord; ce n'est qu'en cessant d'exis.
ter que les effluves d'un air plus chaud, succédant au climat tempéré de l'Afrique d'alors,
permirent à l'Europe occidentale de passer de
l'époque glaciaire à l'époque qui se poursuit
en ce moment dans cette région.

Du reste, il est admis actuellement, qu'à
une époque qu'on ne saurait déterminer, le
nord-ouest de l'Afrique était uni avec un immense continent, l'Atlantide, qui lui-même, se
reliait à l'Amérique du Sud, vers les côtes avoisinant l'embouchure du fleuve de l'Amazone.

Si l'on considère, d'autre part, qu'il est avéré
que le nord de l'Afrique était lié à l'Espagne
par une langue de terre, à la place du détroit
de Gilbraltar actuel, nous arrivons à l'explication d'un fait très curieux, je veux parler de
la similitude de certaines parties de la faune
et de la flore de l'Europe avec celle de l'Amérique centrale, dont la présence ne pourrait
être comprise dans des régions séparées par
l'Océan Atlantique. Il a donc fallu qu'un continent fit autrefois fonction d'un pont gigan-

tesque entre l'Europe et l'Amérique, embrassant peut-être même une partie du nord de l'Afrique pour donner une base sérieuse à l'explication du fait en question. C'était par un réseau, un lacis d'îles que le nord-ouest de l'Afrique se liait au continent de l'Atlantide et, de ces îles, il n'en est resté maintenant que très peu : Madère, les îles du Cap-Vert, etc.

Revenant sur ce que nous avons dit du premier continent australien Pacifique relié autrefois avec l'Asie, et qui en est séparé aujourd'hui ; nous voyons que l'Amérique se trouvait en correspondance de deux côtés, par ces deux vastes continents, avec l'Amérique méridionale. Toutefois, il est bon de remarquer que le continent de Lémurie, qui s'étendait au sud de l'Inde, où se trouve actuellement l'Océan Indien, était en relation avec Atlantis, l'Afrique n'existant point encore.

L'union de l'Amérique avec ces deux continents est prouvée par la présence dans ces contrées d'une flore et d'une faune presque semblables.

Pour la flore, la flore miocène de l'Europe,

dans sa plus grande partie, rencontre ses simi-
laires dans la flore des Etats-Unis. Dans les
forêts dela Virginie et de la Floride l'on a rencontré desmagnolias, des tulipiers, des chênes
verts, des platanes, etc., corespondant, terme
pour terme, à la flore tertiaire européenne.

Quand à la faune, qui ne se rappelle l'éton-
nement des savants lorsqu'il a été exhumé sur
les bords du Danube et du Rhin des squelettes
ressemblant en tous points à ceux des Caraïbes
et des Vieux-Péruviens. Littré rapporte ce fait
avec stupéfaction.

En outre, à la suite de fouilles opérées dans
l'Amérique centrale, l'on a retiré des débris de
monuments portant la représentation exacte,
indéniable, de têtes et de visages de nègres
authentiques.

Comment se rendre compte de faits si sug-
gestifs, à moins d'en revenir toujours à l'hypothèse d'une Atlandide disparue, et se rattachant
autrefois au continent Sud-Américain ?

Un autre fait, non moins curieux, vient à
l'appui de cette hypothèse. — Jusqu'ici, selon
Farras et d'autres savants, le langage des

Basques n'a aucune affinité avec celui des autres peuples européens mais bien avec le langage des Aborigènes du vaste continent d'Amérique.

L'isolement des Basques en Europe a toujours été très remarqué et non expliqué jusqu'ici, rapporte Joly. (L'homme avant les métaux.) — B. Davis, après un mûr examen des squelettes des Guanches des îles Canaries et de modernes Basques, a cru qu'ils avaient une même origine. — Puisqu'il en est ainsi, les Guanches étant reconnus comme les descendants dégénérés des anciens Atlantes de l'île séparée de l'Atlantide submergée et ayant leurs types congénères dans l'Amérique du Sud, la question tend à s'élucider de plus en plus.

De Quatrefages et Amy n'assignent-ils pas tous les deux les cro-magnons du midi de la France et les Guanches à un seul et même type ?

La race d'hommes européenne palœolithique des âges pliocène et miocène se trouvait donc être de pure race atlante. Et si les Basques ont apparu à une date beaucoup plus tardive, leur affinité avec les cro-magnons n'en est pas moins démontrée.

La langue des Basques n'a-t-elle pas montré une mystérieuse affinité avec celle des races dravidiennes de l'Inde ? ce qui s'expliquerait par leur origine, nonobstant les changements opérés par la loi de transformation opérée dans un milieu différent.

Maintenant, une autre question se présente.

La race rouge qui habite maintenant le grand continent de l'Amérique est-elle une race aborigène, autochnome, ou bien est-elle issue d'une autre race ?

Cette question est très controversée; et si l'on s'en rapporte à l'opinion de certains érudits, la race rouge passerait pour avoir créé les premières civilisations dans l'humanité. — Il n'est pas douteux que les Atzèques, les Péruviens, n'aient laissé de nombreux vestiges d'une civilisation très avancée, dont témoignent les débris de temples en quantité considérable épars dans la Sonorta et autres lieux, affectant tous la forme de cônes tronqués, forme en usage dans l'Inde de temps immémorial. Toutefois, il serait peut-être téméraire, aujourd'hui, de se prononcer avec certitude sur ce sujet.

On retrouve bien, il est vrai, dans la Cosmogonie atzèque, les mêmes symboles généraux voilant la doctrine ésotérique des anciens Indous; mais vouloir en conclure que la race rouge aurait précédé la race Indoue, fille des Rutas, dans l'évolution humaine civilisatrice, c'est aller un peu loin, d'après notre appréciation. Platon, Hérodote, Diodore, affirment que l'antiquité remonte à dix-huit mille ans antérieurement à Ménès, premier roi de Memphis. Or Ménès n'était lui-même qu'un Manou venu de l'Inde après une lutte avec la caste sacerdotale, dans laquelle il avait été vaincu et forcé dès lors de quitter le pays avec ses guerriers.

Si loin qu'on avance dans les traditions de l'antiquité, c'est toujours à la civilisation indienne qu'on aboutit; et s'il est fait mention de la contrée dénommée aujourd'hui Amérique, les auteurs demeurent presque muets sur leurs habitants. Puisqu'il en est ainsi, ne serait-il pas plus rationnel de penser que les Rutas, ancêtres des Indous, auraient peuplé ce grand continent avant sa séparation définitive d'avec l'Asie, par suite de la disparition de l'Atlandide ? Depuis cette époque, les anciens Rutas auraient été séparés de la mère patrie et se seraient par suite modifiés dans un milieu différent, obéissant aux lois inéluctables du transformisme.

Il ne faut pas oublier, du reste, qu'à l'origine il n'existait sur le globe que deux races bien tranchées, la race blanche et la race noire, et que les races rouge et jaune n'ont été que le produit du mélange de sous-races, mélange dont l'effet se fait encore sentir aujourd'hui, et d'où provient la dégénérescence de certains types inférieurs appelés fatalement à disparaitre.

Ce qui donnerait à penser que les choses ont dû se passer ainsi, c'est que, comme nous l'avons dit plus haut, leurs symboles théogoniques sont semblables à ceux des anciens Indous; et si l'on étudiait avec attention les radicaux du langage ancien des Atzèques, peut-être rencontrerait-on la même similitude avec les radicaux sanscrits dont le mahori, en Polynésie, a laissé des traces si curieuses.

De plus, il est consigné dans les inscriptions

babyloniennes (voir plus haut), que les Babyloniens reconnaissaient deux races primitives
génératrices de celles qui suivirent et dont nous
sommes issus : la première, disparue, était une
race noire nommée par eux *Zalmat-Gayuadi*,
les *Adami* de race noire ; (1) l'autre, une race
blanche, celle des *Sarku*, demeurée pure pendant une longue période de temps.

Il n'est pas question de race rouge dans ces
documents, attendu qu'on ne connaissait sans
doute pas, dans l'antiquité, de race de cette couleur. D'où la conclusion à admettre que les
habitants qui ont peuplé l'Amérique ont été les
anciens *Rutas*, il n'y a qu'un pas ; et ces *Rutas*
n'étaient autres que les *Rutas* cités par les livres
sacrés indous.

Nous nous arrêtons à cette hypothèse qui,
pour nous, est la seule probante jusqu'à nouvel
informé.

Littré, dans un mémoire sur les « Antiquités
celtiques et anté-diluviennes » de Boucher de

___

(1) Rapprocher gayuadi de guanches, *d* = en philologie
sch, *ch*, et alors nous aurions le nom des guanches ayant
habité l'Atlandide.

Perthes estime que, dans ces périodes, à la suite d'exhumations modernes de mammouths au milieu de pierres ouvrées de toutes sortes, « un printemps éternel devait régner d'un bout à l'autre du globe terrestre, climat chaud, tiède, tempéré, dans l'âge pliocène du dernier âge tertiaire. » — Depuis les dernières découvertes géologiques, Gaudry a pu écrire, comme conclusion des faits constatés, « que nos ancêtres Européens ont été positivement contemporains du Rhinocéros-Tichorrinus, ainsi que de l'Hippopotame-Major », ajoutant que le sol appelé Diluvien, en Géologie, a été formé, partiellement au moins, après l'apparition de l'homme sur la terre.

Littré pense en dernier, « qu'avant de faire revivre quelques vieux témoignages, il serait bon de remanier toutes les origines, toutes les durées », et il ajoute « qu'il y avait un âge jusqu'ici inconnu à l'étude : l'un à l'aube de l'époque actuelle, l'autre, au commencement de l'époque qui a précédé celle-ci ». C'est ce qui donne la raison des types des crânes trouvés en Europe et qui sont de deux espèces : le premier type, celui des *Orthognates*; le deuxième, celui des *Prognates*, types caucasiens et types nègres, — ces derniers types rencontrés seulement en Afrique et chez des races, tribus dégénérées à l'état sauvage.

Le professeur Her, concluant à la nécessité de l'hypothèse d'une Atlandide, démontre que les plantes néolitiques des lacs villageois sont maintenant d'origine Africaine.

Comment ces dernières plantes seraient-elles venues en Europe, si, de ce côté, n'existait pas un précédent pour l'union entre l'Afrique et l'Europe ?

Quant à la France, d'après Cuvier et le docteur Hunt, si l'on considère les dix-sept squelettes exhumés dans le département de la Haute-Garonne (position accroupie près des restes d'un feu de charbon avec quelques amulettes, des poteries brisées, et en compagnie de l'Ursus-spelcus des cavernes, de l'éléphant-primogenius, du megaceros-hibernous), tous ne peuvent véritablement se reporter au delà de l'époque quaternaire.

D'où proviennent alors ces hommes palœolitiques de l'époque quaternaire? De l'Europe? non évidemment, les savants le reconnaissent; et cependant, en ce qui concerne l'origine ethnologique de ceux-ci, la science actuelle demeure comme en suspens, et n'ose encore se prononcer ouvertement, ne possédant plus, devant son investigation pour arriver à une solution, que l'hypothèse d'une Atlantide, dont les races pures auraient émigré en Europe, longtemps avant la période glaciaire, à une époque indéterminée. Et les hommes des cavernes, (le grand type) seraient en partie, leurs descendants directs. Les découvertes, en Italie, du professeur Capellini viennent en témoignage de ce fait.

A l'époque quaternaire, l'Europe en voie de formation se trouvait très différente de l'Europe d'aujourd'hui. Elle était au nord de l'Afrique ou plutôt ce qu'est maintenant le nord de l'Afrique formant en quelque sorte un prolongement de l'Espagne par le détroit de Gibraltar, alors qu'une vaste mer baignait les côtes du bassin du Sahara. Le grand continent Atlantique avait dû s'abaisser, et de ses habitants demeurèrent seulement les Datyas et les Rutas, ces derniers mentionnés par le vieux Manou, comme les ancêtres directs des Hindous. Dans la contexture des squelettes fossiles des hommes palœolitiques des cavernes retrouvés en Europe les savants ont constaté avec stupéfaction, avons-nous dit, une mystérieuse affinité avec le type occidental Caraïbe-Péruvien. N'est-ce point là une leçon de choses admirable, et démontrant une fois de plus que, sous la Fable, se cache la vérité; et que les légendes si décriées d'un passé vénérable sont là avec leurs enseignements, pour ceux qui voudront comprendre et soulever avec respect les voiles qui les recouvrent.

Alors, l'Atlantide finira peut-être par nous rendre les trésors intellectuels que nous avons méconnus jusqu'ici; alors, que dans notre passé, nous possédons parmi nous, dans l'Europe elle-même, ces belles races des cro-magnons des cavernes, rejetons incontestés de la vieille Atlantide; et plus près de nous encore existantes, la race des Guanches, aux Canaries et en Amérique; en France, la race des Basques celle-ci similaire des Guanches.

Par le mélange des croisements, les deux types primitifs noir et blanc s'effacèrent, prirent d'autres teintes, s'abâtardirent en un mot, et produisirent des sous-races dont dérivent les peuples divers répandus actuellement sur le globe terrestre. Les uns, bien déchus de leur antique splendeur, après avoir brillé d'un pur éclat, se sont atrophiés et sont appelés à disparaître plus ou moins prochainement; les autres, ayant encore conservé une certaine vitalité, pourront user de leurs dernières forces et poursuivre le cycle dévolu à chaque race à tour de rôle; puis le silence se fera sur leur existence, en attendant qu'une autre race plus perfectionnée les remplace dans la carrière, à la suite d'un nouveau cataclysme, loi fatale et mystérieuse de formation et de transformation dans l'Univers immense.

VII

Durée des périodes géologiques.
Les hommes préhistoriques. — Des Géants

Au livre de la loi de Manou, traitant de la création, chapitre premier, l'auteur sacré fait l'exposé du jour et de la nuit de Brahma dans un style imagé qui touche à la sublimité. Nous ne reviendrons pas sur la nomenclature donnée par lui des périodes comprises dans ces époques. Si ce système, dénué de certitude scientifique, doit être rejeté lorsqu'il est pris à la lettre; si dans ce cas, on a pu le considérer comme un non-sens, ainsi que nous l'avons exposé plus haut; étudié cependant de plus près, il renferme un grand fond de vérité.

Sous la lettre stricte, précise, des dates, dont il ne faut pas tenir compte évidemment, se trouvent cités, au vrai sens de l'occultisme, les enseignements dont on peut tirer profit. C'est ce que nous chercherons à expliquer.

Il est utile de remarquer tout d'abord, qu'à chacun des cycles du jour et de la nuit de Brahma, succèdent d'autres cycles sans fin embrassant les créations et les destructions des choses animées ou non par l'Esprit embrassant l'univers entier.

Nous ne nous trouvons plus là en présence des produits de l'imagination en démence de rêveurs, en quête du merveilleux, mais bien en regard d'un système complet du monde, tel que l'entendaient les sages, les initiés de l'Inde antique.

Libre aux savants modernes de sourire de pitié au récit de ces énumérations de cycles réputés par eux fantastiques, et se succédant comme une chaîne sans fin. Nous leur répondrons qu'on pourrait à bon droit leur attribuer les mêmes erreurs, lorsqu'ils cherchent à supputer par millions d'années, avec souvent des écarts énormes, d'auteur à auteur, les époques qui se sont écoulées entre chaque formation géologique.

Les fameuses époques ou cycles de Brahma ne sont après tout que le récit présumé de ce qui a pu exister, lors de ces créations géologiques.

Moïse, au premier chapitre de la genèse, n'en a-t-il pas agi ainsi, lorsqu'il affirme que la terre a été créée en sept jours, avec cette différence qu'il attribue au mot jour (ioum) au singulier, le sens restreint de la révolution de la terre sur elle même : ce qui est bien plus extraordinaire que la supputation des époques de Manou. L'Orthodoxie chrétienne a-t-elle protesté contre cette affirmation couverte par la révélation ? Non. La foi en empêchait, et à l'heure actuelle, si l'église s'est ralliée à un sens plus large du récit de Moïse, ce n'a été qu'à son corps défendant, comprenant, d'instinct, que la base de la doctrine chrétienne se trouvait compromise dans son essence, par la moindre altération du dogme.

Et cependant, il faut bien se rendre à l'évidence et compter avec la science.

Poursuivons et mettons en présence la science antique et la science moderne.

S'il s'agit de l'homme préhistorique, la doctrine secrète des initiés nous fait connaître qu'elle admettait, il y a dix-huit millions d'années passées, l'existence d'un géant colossal pré-tertiaire sur l'un des continents de notre globe terrestre, destiné à combattre, à lutter, successivement contre les monstres gigantesques de terre et de mer qui occupaient alors ce continent.

Cette tradition se trouve sinon confirmée, du moins indiquée dans les 36 37 slocas du livre de Manou : 36. « Ces êtres tout puissants créèrent sept autres Manous, les Dieux, (Dévas) et leurs demeures, et des Maharchis *doués d'un immense pouvoir.*

37. « Ils créèrent les gnomes (Yakchas), les géants (Rakshasas), les vampires (Pisâtchas), les musiciens célestes (Gandharbas), les nymphes (Apsarâs), les titans (Asouras), les dragons (Nayas), les serpents (Sarpas), les oiseaux (Souparnas), et les différentes tribus des ancêtres divins (Pitris). » La création *des hommes* et *non* de l'*homme* ne vient qu'après celle des météores et des étoiles, au Sloca 39 :

« Les Kinnaras, les singes, les poissons, les différentes espèces d'oiseaux, le bétail, les bêtes sauvages, *les hommes*, les animaux carnassiers pourvus d'une double rangée de dents. »..... et enfin se. 40, les insectes de toute nature..... et les différents corps privés de mouvement.

Or, dans la Bible, on retrouve la trace des géants et des titans de la création de Manou, sous le nom de gabarim (Géants).

DES GÉANTS.

Puisque, en conformité avec Manou et avec la Bible, de même qu'avec le monde antique tout entier, nous avons ici à parler des géants, race d'hommes qui n'existe plus de nos jours, une question se présente de prime abord à l'esprit. Ces témoignages venus de traditions qui se sont répétées d'âge en âge, sont-ils le fruit simplement de l'imagination de peuples encore enfants assoiffés de merveilleux, ou bien reposent-ils sur des données sérieuses ? C'est ce qu'il importe d'étudier.

En ce qui concerne les temps modernes, à

une époque récente, des documents certains ont permis de constater la présence, en Chine, d'hommes d'une stature peu commune, puisqu'ils dépassent sept pieds de haut, descendants d'une race disparue. Confinés dans un district distinct et particulier de l'Empire, ils forment une tribu compacte sans mélange aucun avec les Chinois proprement dits. Si l'on rapproche ce fait extraordinaire de la tradition rapportée par les grands initiés de l'Inde, l'existence de la race d'hommes qui ont habité l'Atlantide, race de géants selon leur dire, cette question ne saurait dès lors, à notre sens, être rejetée et mise au rang des fables, et mérite d'être classée à son rang et étudiée sans parti pris.

Du reste, en réfléchissant mûrement, quoi d'étonnant, puisqu'il est acquis à la science que notre globe a subi de nombreuses tranformations dans sa structure, dans sa faune et dans sa flore, qu'à chaque transformation, il y a eu adaptation complète avec ces transformations progressives.

Aux époques des grands bouleversements, alors que les créations successives s'affirmaient dans des types gigantesques ; alors que l'homme était appelé à lutter à la fois contre les éléments et contre les carnassiers à dimensions prodigieuses, ne fallait-il pas, pour la réussite même du plan providentiel, que la créature appelée à dominer, à soumettre la nature, eût les forces requises pour pouvoir se défendre contre les forces ennemies qui l'entouraient. Il n'est pas téméraire de le penser. S'il a pu en être ainsi, toutes les créatures ont dû être en rapport les unes avec les autres, et rien ne s'oppose à admettre qu'une race de géants a existé dans des conditions déterminées, et qu'elle s'est éteinte lorsque ces conditions, qui étaient sa raison d'être, se sont modifiées.

Que l'on jette un coup d'œil autour des forces qui nous entourent. La symétrie, l'harmonie président aussi bien au cas particulier qu'à l'ensemble. Pas de dépense de forces, d'efforts inutiles. Tout a été réglé, pondéré pour un accord parfait avec les parties. Les faunes sont et doivent être juxtaposées entre elles, sans quoi rien ne serait stable en ce monde, et les races supérieures, si elles n'étaient supérieurement

douées, disparaîtraient devant les races inférieures ; la vie arrêtée dans son essor ferait place
à la mort. Ceci explique cela, telle est la loi. Il
s'agit de méditer et de comprendre.

S'il en est ainsi, et si nous passons en revue
les découvertes modernes ainsi que les opinions
de savants de haut mérite sur cette question, un
grand pas aura été fait pour l'élucider.

Nilsson, cité par Lubock, ne rapporte-t-il pas
que dans une tombe de l'âge néolithique, un
squelette d'une grandeur extraordinaire a été
trouvé en 1807, et qu'il a été attribué à un roi
d'Ecosse, Albus Mac Galdus? Et si à notre époque
se rencontrent, par cas fortuit, des hommes et
des femmes de sept pieds et même de neuf et onze
pieds de haut, la loi de l'atavisme n'est-elle pas,
par cela même, confirmée par la réapparition
d'ancêtres ressemblants de caractère à ces âges
lointains, où la hauteur avérée de l'humanité
se trouvait être de neuf à dix pieds, même dans
notre propre et dernière race indo-européenne ?

Passons aux races antérieures des Lémures
et des Atlantes. L'opinion des Grecs sur ces
vieux ancêtres, sans ressembler à celle des mo-

dernes sur ce sujet, reposait cependant sur quelques données sérieuses, quoique confuses. On leur attribuait la taille de géants, ainsi que des pouvoirs occultes extraordinaires. La grande nation mentionnée par les prêtres égyptiens, et dont les grecs de l'âge de Troie étaient issus, avait été détruite, selon une tradition généralement acceptée, par une primitive race des Atlantes. Toutefois, même aux jours de Platon, cette tradition n'avait été conservée que parmi les prêtres et les initiés.

Les vieux égyptiens séparés à leur origine, après de longs jours écoulés, des derniers Atlantes, étaient eux-mêmes descendus d'une race étrangère et s'étaient établis en Egypte 400.000 ans auparavant, fait consigné dans les archives des initiés et remontant d'âge en âge jusqu'à Hérodote.

A cette époque, ils avaient encore en leur possession les statues de 341 rois provenant de leur petite Atlante-arienne sous race. (V. Sinnett, Esotérique Budhisme, c. p. 66, 5ᵉ édition). Que l'on alloue seulement trente années par chaque règne, la durée de l'empire égyptien depuis ses commencements jusqu'à Hérodote sera d'environ 17,000 années. La présence de l'homme sur la terre date de très loin. Ecoutons deux savants modernes Burmester et Draper, en ce qui concerne l'Egypte spécialement, (antiquité de l'homme, Man before métals), p. 183.

« En faisant des sondages dans le terrain pierreux de la vallée du Nil, deux briques cuites ont été découvertes, l'une à la profondeur de 20 yards ; l'autre à celle de 25 yards. Si nous estimons l'épaisseur du dépôt annuel formé par le fleuve, à 8 pouces pour cent ans, les calculs les plus précis ont montré qu'en abaissant de 3 à 5 pouces par centurie, ce dépôt du Nil, nous devons assigner à la première de ces briques, 12,000 années, et à la deuxième 14,000 années. Au moyen de calculs analogues, Burmester suppose que 72,000 années se sont écoulées depuis la première apparition de l'homme sur le sol de l'Egypte ; et Draper attribue à l'homme Européen de la première période glaciale, une antiquité de plus de 250,000 années. Il faut noter ici que les Zodiaques Egyptiens démontrent plus de 75,000 années d'observations consécutives ; et Burmester, dans ces calculs n'avait en vue que la population du Delta du Nil.

En raison de la haute antiquité de la présence de l'homme sur la terre ; et puisqu'il est admis que de nombreuses transformations ont eu lieu, sur le globe, pourquoi repousserait-on cette idée que ces transformations aient pu amener, dans certaines conditions, un accrois-sement ou une diminution dans les organes de l'homme, à des époques non encore défi-nies ?

Toute la doctrine moderne du transformisme repose sur cette loi ; et cependant, lorsque cette loi se trouve confirmée par des cas que l'on ne s'explique pas aujourd'hui, les savant se ré-crient ; ils parlent d'*atavisme* et se refusent d'en reconnaître les conséquences.

Que n'a-t-on pas écrit sur les dolmens ; que d'hypothèses avancées et retirées sur ce sujet, S'il est une question propre à éclairer ce qui nous occupe en ce moment (la question des géants) c'est bien l'étude des dolmens, et de tant de construction cyclopéennes, pélasgiques, éparses sur tous les points du globe et présentant, sous chaque latitude, les mêmes caractères : ce qui prouve une idée préconçue reproduite par des nations de même origine. Cela est si vrai que, se rendant à l'évidence, les savants modernes n'ont pas pu s'empêcher de faire la remarque, en parlant de ces travaux pélasgiques, entrepris à quelles époques, qui le saura jamais ? que ces ruines jalonnant en quelque sorte des stations déterminées, à travers le monde, présentent une coïncidence des plus remarquables et presque unique, dans l'histoire générale de l'architecture.

En ce qui concerne les dolmens proprement dits, dont les savants jusqu'ici n'ont point encore expliqué l'origine qui consistent généralement en quatre ou en sept blocs gigantesques placés ensemble, et d'énormes dimensions, on les trouve répandus par toute l'Asie, l'Europe, l'Amérique, l'Afrique par groupes rangés symétriquement, tantôt horizontalement et diversement orientés sur deux, trois, quatre et comme en Poitou, sur six et sept blocs. Le peuple les nomme autels du diable, pierres druidiques ou tombes des géants.

Les pierres de Karnac, dans le Morbihan (Bretagne) comportent près d'un mille en longueur en plusieurs rangs et sont sœurs jumelles de celles de Stonehenge.

Le Men-Hir conique de Loch-Maria-Ker, dans le Morbihan, mesure vingt yards anglais de long sur près de deux yards de travers — Le Men-Hir de Champ-Dolent près de Saint-Malo, s'élève de trente pieds au-dessus, et de quinze pieds de profondeur au-dessous du sol.

Ces curieuses constructions se retrouvent, avons-nous dit, sous presque chaque latitude.

On les rencontre dans le bassin de la Méditerranée, en Danemark, tumulis de vingt-sept à trente-cinq pieds de haut; dans le Schetland aussi bien qu'en Suède, où ils sont appelés Ganfgriften (ou tombes avec corridors); en Germanie, où ils sont connus sous le nom de tombes des géants (Hünengraben); en Espagne, voir les dolmens d'Antiguera près de Malaga; en Afrique, en Palestine, en Algérie, en Sardaigne, voir les Nuraghi ou sépulcres des géants; au Malabar, dans l'Inde) où ils sont appelés, les tombes des Daytas (géants) et des Rhakshasas (démons); en Russie et en Sibérie où ils sont connus sous le nom de Koorgan; au Pérou, en Bolivie, où ils sont nommés les Culpas.

Mais dira-t-on : aucun squelette gigantesque n'a encore été trouvé dans ces tombeaux présumés. Cette raison qui a sa valeur ne serait point sans appel. L'on sait pertinemment maintenant, que parmi les premières races, l'usage était d'incinérer les corps. En outre, la race des géants qui habitaient l'Atlandide furent presque tous submergés lors de la disparition de ce grand continent. Et si l'on ajoute foi aux récits des classiques de l'antiquité, lorsqu'ils relatent que de leurs temps, on exhumait parfois des squelettes géants, pourquoi ne pas tenir compte de leur attestation ?

Dans les temps modernes, on a bien, il est vrai exhumé plusieurs squelettes de la plus haute antiquité, témoin les restes de squelettes humains ensevelis au-dessous de quatre antiques forêts, non loin de la Nouvelle-Orléans, sur les rives du Missisipi. D'après le D' Dowler, ces restes devaient remonter à 57,000 années. Et depuis la troisième sous-race de la race Arienne, ayant donné naissance à la race appelée Arienne qui s'est développée en Europe et dans l'Asie Mineure, il est avéré que, comme taille, elle a de plus en plus décliné, sans parler ici de ses facultés primitives, ce qui nous entraînerait trop loin.

En somme, les tombeaux gigantesques dont il a été fait mention ont pu jadis avoir contenu des géants, ou plutôt les cendres qui en provenaient, lors de leur incinération.

Par opposition, du reste, n'existe-t-il pas encore de nos jours une race de nains, les Nyams-Nyams d'Afrique, petite race régulièrement constituée?

L'existence de cette race minuscule est avérée, et, chose curieuse, à côté d'eux, leurs plus proches voisins sont des Africains d'une très belle prestance comparativement à ces derniers, ce sont des géants, puisque leurs femmes ont presque toutes plus de six pieds et demi de haut d'après le rapport du voyageur Schweinfutrser : ce qui, parmi les Européens, serait réputé comme taille excessive et géante.

En Cornouaille et dans l'ancienne Bretagne, les traditions se rapportant aux géants sont excessivement communes. On prétend même qu'ils existaient du temps du roi Arthur.

Toutes ces traditions incontestées démontrent que les géants vivaient à une date relativement récente, aussi bien parmi les Celtes que parmi les peuples teutoniques. Si nous passons dans le nouveau monde, nous possédons des traditions identiques en ce qui concerne une race de géants. A Tarija et en Ecuador, sur les pentes orientales des Indes, les populations racontent que dans les vieux âges, ils combattaient les Dieux et les hommes. — Ces croyances vivaces parmi le peuple se rapportent toutes à l'époque pliocène.

Les traditions relatives aux géants ne se retrouvent-elles pas dans toutes les mythologies aussi bien que dans les récits bibliques, avons-nous dit ? Et supposer que ces légendes ne reposent sur aucune donnée digne d'attention, serait, à notre sens, faire preuve d'un scepticisme peu scientifique.

Poursuivons donc nos investigations de ce côté, certain que la vérité pourra sortir de la coordination de faits isolés qui, réunis, forment un faisceau de preuves qu'il importe de ne pas dédaigner.

Dans les contrées slaves, en Russie notamment, les légendes abondent sur les *bogatery*, puissants géants connus anciennement pour avoir présidé à la fondation des nations historiques. Ils ont existé réellement et leurs hauts faits sont relatés dans les vieilles chansons et les traditions les plus archaïques. Plus récemment, les héros homériques appartenant à une période beaucoup plus rapprochée de nous dans l'histoire des races, viennent à l'appui pour confirmer ces traditions.

Dans l'Illiade, ils apparaissent munis d'armes d'une grande pesanteur qu'aucun homme des temps modernes ne pourrait manier.

En outre, si les empreintes fossiles des pieds de Carson, dans la province d'Indiana (Amérique) sont humaines, elles indiquent la présence d'hommes gigantesques dans ces parages, à des époques préhistoriques. Nous savons que des erreurs grossières ont été commises lors des premiers tâtonnements de la science géologique.

Il ne faut pas ajouter foi, il n'est pas douteux, aux sornettes racontées par le voyageur sir Jones Mandeville, lorsqu'il a identifié de prétendus géants avec les restes reconnus d'éléphants et de mastodontes, et lorsqu'il affirme qu'il a scié, dans l'Inde, des géants de cinquante-six pieds de haut ; mais il est d'autres relations dont il faut tenir compte et qui se rapprochent plus de la réalité.

En effet, si nous consultons le Journal de l'Institut anthropologique (vol. 1871, du Dʳ Carter Blake) nous lui voyons émettre l'opinion qu'une race de géants ayant existé à Palmyre, il est possible qu'il en ait été de même dans le Médian.

Il a exhumé du sol, dans ces pays, des crânes de forme tout à fait différente de ceux des Juifs. Il n'est pas improbable alors qu'une autre race semblable ait existé en Samarie, et que le peuple mystérieux qui a construit en Galilée les cromlechs de pierres rangées symétriquement en cercles, ait, par cela même, taillé les pierres néolithiques que l'on a trouvées dans la vallée du Jourdain, ce qui a permis de préserver ainsi un ancien langage sémitique entièrement distinct du caractère carré hébraïque.

Les diverses traductions de la Bible ne peuvent nous être d'aucun secours sur ce sujet, pas plus les anciennes traductions que les nouvelles. Dans les commentaires, elles traduisent Nephilim par le mot « géants » et plus loin elles ajoutent qu'ils étaient des hommes velus, probablement les grands et puissants prototypes des derniers satyres, opinion avancée si légèrement par les Pères de l'Eglise. Les panégyristes de ces derniers avancent « qu'ils avaient vu eux-mêmes ces satyres, quelques-uns vivants, d'autres conservés. » Et tout le monde savant est d'accord maintenant pour établir que les prétendus satyres n'étaient autres que les représentants de la race simiesque. Depuis, ces commentateurs les ont identifiés avec les fils d'Anack.

Les hébreux, lorsqu'ils s'établirent dans la Terre promise y rencontrèrent une race excédant de beaucoup leur propre stature, et les dénommèrent « race de géants. » Mais les races des géants véritables avaient disparu bien avant la naissance de Moïse.

Ce grand peuple existait au pays de Canaan et même à celui de Baschan. Il put avoir des représentants parmi les Nabathéens de Médian qui se trouvaient être eux-mêmes d'une stature beaucoup plus grande que celle des Juifs.

Depuis l'époque de leur disparition, quatre millions d'années s'étaient écoulés, à en juger par la forme de leur crâne si différente de celle des hébreux. Ils se rapprochaient sensiblement de celui des crânes fossiles de l'époque pliocène, ce qui les sépare complètement des enfants d'Héber.

Quarante milliers d'années auparavant, leurs ancêtres pouvaient avoir été d'une stature beaucoup plus grande, et si l'on se reporte encore plus loin, à 400.000 années, rien ne s'oppose à ce qu'ils pussent être, en proportion des hommes de nos jours comme Brobdingnagnians par rapport aux Lilliputiens.

Les Atlantes de la demi-période furent symbolisés, dans les écrits des grands initiés sous

le nom des grands dragons, et devinrent les
premiers symboles de leurs principales déités,
lorsque les « Dieux » et les divines dynasties
les eurent abandonnés. De là est venue cette
légende si curieuse reproduite dans toute l'antiquité, d'un serpent géant, dont les dimensions
extraordinaires ont été trouvées reproduites en
empreintes dans plusieurs constructions cyclopéennes.

Il résulte des études sur les dolmens et autres constructions mégalithiques, que ces monuments étranges que l'on rencontre dans toutes
les régions du globe, dénotent une émigration,
un exode presque continu des races primitives.
A quelle loi obéissaient-elle en se déplaçant, et en
laissant des empreintes ineffaçables, à des distances prodigieuses, séparées de nos jours par
des Océans? A la nécessité répondrons-nous.

Chassés de leurs premiers lieux d'habitation
par des causes diverses, soit par des convulsions
subites ou prolongées de la nature, soit par un
refoulement au loin, opéré par des races plus
compactes, plus fortes et mieux douées, elles
fuyaient sans doute à la suite de luttes sanglantes

devant leurs vainqueurs, et marchaient tant qu'une terre habitable se présentait à leurs regards. Plus tard, après les transformations mêmes du sol qu'elles avaient quitté, elles se sont trouvées séparées de leur lieu d'origine, sans espoir de retour, c'est ce qui explique dès lors, la répétition reconnue dans la structure de ces constructions qu'elles édifiaient au fur et à mesure de leur marche en avant.

Disons plus, ces monuments gigantesques servirent d'étapes, de jalons indiscutables nous permettant de reconstituer cette immense émigration de peuples de même origine, mais qui, en s'éloignant de leur berceau, ont formé des sous-races en se modifiant, nécessairement, au physique et au moral, dans des milieux climatériques si différents.

Partis tout d'abord du centre de l'Asie, des Hauts-Plateaux de l'Himalaya, les Rutas, ancêtres des Indous, ainsi que nous l'avons établi plus haut, d'après le texte même des lois de Manou, ont dû suivre un itinéraire qu'il nous est presque possible de reconstituer. C'est ce que nous allons tenter de faire.

CHAPITRE VIII

Emigration des races primitives

Nous l'avons exposé plus haut, aux premières époques zoologiques et géologiques, la première terre mythologique soupçonnée par les anciens, était placée par eux au Pôle nord, au delà du fameux passage du nord-ouest, recherché de nos jours. Une mer libre, dégagée de glaces, conduisait à ce continent, les abords seuls de ce passage étant encore à notre époque obstrués par d'énormes glaçons formant des banquises fondant et se reconstituant, à tour de rôle, selon la rigueur des saisons.

Sur cette terre des anciens, réputée sacrée, régnait un printemps perpétuel, selon la légende; et cette légende ne serait point dénuée de vérité; elle apparaîtrait même comme une réalité si nous nous en rapportons à une découverte récente qui viendrait à l'appui des relations des vieux initiés.

Une dépêche des premiers jours du mois d'avril 1895, date mémorable, si ce qu'elle annonce est confirmé, annonce que l'explorateur norvégien Frithjof Nansen parti, il a quelques années sur le navire « Fram », à la recherche du Pôle Nord, avait enfin réussi dans son entreprise, après avoir affronté des périls sans nombre dans sa marche en avant. Son entreprise était formidable et lui vaudra une place à part dans l'histoire des grands explorateurs.

La mer libre que presque tous les navigateurs soupçonnaient au delà du Pôle Nord n'était donc point une chimère, un mythe des anciens temps! Frithjof a abordé sur ce continent que l'on peut appeler nouveau, à juste titre, par une température de deux degrés au-dessus de zéro, température inattendue dans ces parages.

D'accord en cela avec notre célèbre navigateur et explorateur Gustave Lambert, enlevé si prématurément à la science dans toute la force de l'âge, Frithjof Nansen croyait qu'il devait exister un courant sous-marin régulier allant des côtes asiatiques de l'Océan glacial, jusqu'à la côte ouest du Groënland en passant par le pôle et la mer libre ; et à l'appui de cette observation, il invoquait la route suivie par les débris du navire naufragé, *la Jeannette*, retrouvé naguère à l'embouchure de la Léna. De là à l'idée de s'abandonner résolument à ce courant, de se laisser dériver par lui dans la mer libre, à l'époque de la fonte des glaces, il n'y avait qu'un pas. C'est ce que fit l'audacieux explorateur norvégien ; et le succès a couronné son entreprise, à moins qu'une autre dépêche moins optimiste ne vienne infirmer la première en date.

Quoi qu'il en soit, on voit que, dans l'antiquité, les mêmes préoccupations, les mêmes idées assiégeaient les esprits : une terre devait se rencontrer au delà du pôle Nord, la terre bénie d'Apollon, où régnait un printemps perpétuel, la terre sacrée impérissable.

Cette terre était-elle habitée ? Aucune donnée sérieuse n'est parvenue de l'antiquité jusqu'à nous, propre à répondre à cette question. — Elle était habitable, dirons-nous ; donc elle a pu sinon dû être habitée. Nous ne la ferons donc pas néanmoins, entrer parmi les continents ayant pu servir à l'émigration des races primitives, sa latitude étant beaucoup trop éloignée du centre du globe, qui se prêtait plus logiquement à l'habitat des plus antiques familles humaines.

Si nous passons donc aux autres continents, nous avons fait mention plus haut, des continents dénommés par les livres sacrés de l'Inde, d'une part ; de l'autre, confirmés par les supputations des savants modernes ; les données des uns et des autres, coïncidence remarquable arrivant aux mêmes résultats.

Résumant ce que nous avons dit plus haut, ces continents ramenés, pour plus de clarté, aux dénominations géographiques modernes, formaient :

1° Un premier continent par delà le pôle Nord ;

2° Un deuxième appelé Lémurie, par les modernes, existant dans les premiers temps géologiques, et qui devait s'étendre de la grande île actuelle de Madagascar jusqu'à Ceylan et Sumatra, comprenant en outre quelques portions de l'Afrique actuelle ;

3° Un troisième continent, celui-là gigantesque, qui s'étendait de l'Océan Indien à l'Australie, actuellement entièrement englouti sous les profondeurs de l'Océan Pacifique, et n'ayant laissé émerger, à des distances énormes, que des récifs, iles, îlots provenant des plus hautes montagnes de ce vieux continent disparu ;

4° Un quatrième continent connu, par les anciens sous le nom d'Atlantide, et qui ne serait autre que la première terre historique dont l'homme ait conservé le souvenir.

5° Un cinquième continent, l'Amérique, l'Europe.

Ce cinquième continent situé aux Antipodes d'après le dire des anciens, sans désignation connue, n'était en réalité que l'Europe et l'Asie mineure, terre presque contemporaine de l'Amérique.

C'est donc notre Europe actuelle que les récits ésotériques indous ont voulu désigner, en parlant des terres formant ce continent.

Alors que l'Europe poursuivait ses périodes

glaciaires, le continent polynésien et australien cité plus haut et qui a disparu sous les eaux de l'Océan Pacifique, s'étendait du tropique nord au tropique austral sur une ligne immense, de l'ouest à l'est, de l'Inde et de la Chine à la Polynésie, du Mexique à l'Atlantide, embrassant des contrées maintenant séparées.

Lors de la disparition du continent polynésien, une grande partie de l'Asie fut modifiée; un continent nouveau surgit qui devint dans la suite des temps, l'Afrique d'aujourd'hui; l'Europe des temps glaciaires se couvrit de végétaux et put être habitée.

Avant le dernier cataclysme, la géologie et la géographie nous apprennent que l'Amérique était soudée en quelque sorte au continent asiatique. Ce dernier se rapprochait, par l'Est, des côtes californiennes de l'Amérique actuelle.

Ces deux continents primitifs, Océano-Mélanétien et Asiatico-Polynésien, du côté Ouest par rapport à l'Indoustan, le continent asiatique était baigné par une mer qui occupait les contrées connues sous le nom de Bélouchistan, Afghanistan, Perse et Tartarie : nous avons rappelé ce fait dans les chapitres précédents ; et ce continent, en considérant le caractère particulier des steppes et des déserts salés de formation récente, devait s'étendre jusqu'à l'Océan glacial, terres qui ont été découvertes par le retrait des eaux, en agrandissant d'autant le continent asiatique et qui se trouve dès lors en correspondance directe avec l'Egypte et les contrées occidentales.

Quant au continent de l'Atlantide, son effondrement eut lieu dans la période miocène de l'époque tertiaire. Cet effondrement fut d'abord partiel et sa disparition eut lieu beaucoup plus tard. Si l'Afrique n'existait point encore dans les premières époques du continent de Lémurie, première terre sur laquelle apparut l'homme, elle a pu cependant surgir en tout ou en partie dans la période de formation du continent de l'Atlantide (deuxième continent mentionné par les initiés de l'Inde et les prêtres de l'Egypte.)

L'Afrique se reliait à l'Europe ; et lors de la période glaciaire occidentale, le grand désert africain n'existait point encore et formait une vaste mer.

Il est admis, dans l'état actuel de la science, qu'à une époque assez difficile à déterminer, le Nord-Ouest de l'Afrique se trouvait uni, soudé en quelque sorte avec un immense continent, l'Atlantide, qui lui-même se reliait à l'Amérique du Sud, vers les côtes avoisinant l'embouchure du grand fleuve de l'Amazone.

Puisqu'en outre, la liaison du Nord de l'Afrique avec l'Espagne est avérée à une époque relativement récente, que de plus, des savants dignes de foi ont reconnu une similitude réelle entre certaines parties de la flore et de la faune de l'Europe avec la flore et la faune de diverses régions de l'Amérique, on ne saurait s'étonner que, par suite d'un pont gigantesque, l'Atlantide, jeté entre ces deux pays éloignés, l'Europe ait pu conserver sur son sol des races d'hommes se rapprochant des types américains, les Basques par exemple.

Lors de la rupture de ce pont gigantesque, à la suite de l'effondrement de l'Atlandide sous les eaux, les races qui avaient émigré demeurèrent forcément fixées au sol, sans espoir de retour. Et ce fait, devenu inexplicable pour les

savants qui ont nié jusqu'ici la possibilité de
l'existence de l'Atlantide, se trouve naturellement expliqué lorsqu'on est enfin forcé de se
rendre à l'évidence. Nous dirons plus. L'existence de l'Atlandide dans le passé est nécessaire à qui veut se rendre un compte exacte de
la marche d'émigration des races primitives.
— En effet, que l'on prenne une carte géographique ; si l'on veut s'en rapporter aux données
scientifiques présentées par nous, il est facile
de constater que l'Amérique se trouvait en
rapports de deux côtés : en premier lieu avec
l'Asie, en second lieu avec l'ancien continent
australien, du côté de l'Amérique méridionale.

Il est bon aussi de remarquer que le continent
de Lémurie, qui s'étendait au sud de l'Inde, où
se trouve actuellement l'Océan Indien, était
en relation avec l'Atlantide, l'Afrique n'existant
point encore.

A noter pareillement que la race mélanésienne
était une race noire et se retrouve encore parmi
les races actuelles de la Polynésie, qui ne présentent pas ce caractère.

Les initiés de l'Inde avaient considéré ce

continent comme étant le premier habité par l'homme de race noire. Après la disparition de ce continent, quelques individus isolés auront pu échapper au cataclysme et se perpétuer jusqu'à nos jours, après des phases·diverses, sur quelques îlots du vaste archipel mélanésien.

D'après ce résumé succinct de la distribution des continents sur la vaste étendue du globe, aux âges géologiques primitifs, il va nous être permis maintenant d'accord en cela avec la science antique et la science moderne, de pouvoir figurer approximativement la marche en avant des races primitives; odyssée merveilleuse qui expliquera à la fois la parenté des gigantesques constructions pélasgiques éparses dans toutes les régions du monde habité, et la filiation d'origine des peuples qui du Nord au Sud, de même que de l'est à l'ouest ont laissé des traces manifestes de leur passage.

Ce mélange d'ossements de races distinctes dans des lieux si distants de ceux qu'ils occupent à notre époque, ne présente plus rien d'anormal, depuis que la science a découvert que les continents séparés aujourd'hui par de vastes mers, ne l'étaient pas autrefois, aux temps préhistoriques, et que, par ce fait, des exodes remontant à la plus haute antiquité, à des temps presque incalculables ont pu s'effectuer, sinon avec facilité, du moins avec des chances de réussite. C'est ce qui a eu lieu ; on n'en saurait douter. Partis, ainsi que nous l'avons déjà dit, des hauts plateaux de l'Asie centrale, les races primitives, par quelque cause que ce soit ont dû, à certaines époques, abandonner leur lieu d'origine et se répandre au loin.

Les routes ouvertes ne manquaient pas aux essaims des vieilles races qui se détachèrent du tronc qui les avait formées.

L'Amérique se trouvant unie, d'un côté, avec l'Asie, et de l'autre avec le continent Australien, les hordes émigrantes des Rutas qui, alors peuplaient l'Asie en son entier purent s'écouler, à leur choix vers le grand continent de l'Océan pacifique, vers le continent de l'Amérique, les contrées occidentales, l'Europe beaucoup plus tard, il est vrai, par suite du retrait des eaux recouvrant les déserts salés, et se prolongeant actuellement jusqu'à l'Océan glacial. De plus, si l'on considère que l'Atlantide était presque soudée à l'Afrique, et se reliait pareillement à l'Amérique du Sud, les Rutas partis du grand plateau central du monde pouvaient rayonner à travers une aire immense qui confond presque l'imagination ! Ce n'est pas tout encore, puisque l'Afrique elle-même s'unissait à l'Europe par le détroit de Gilbraltar qui n'existait pas à cette époque. De telle sorte, qu'à ces époques perdues dans la nuit des temps et qu'il est presque impossible de reconstituer, les émigrants avaient devant eux un horizon presque infini à parcourir embrassant en quelque sorte toutes les régions des continents actuels, mettant en dehors ceux qui ont disparu sous les eaux et qui n'ont laissé que quelques vestiges insignifiants, pour attester seulement que, au plus profond des abîmes, ont été engloutis, les nobles représentants de civilisations disparues, comme nous, ayant obéi à la loi commune de l'humanité. Ils ont vécu, ils ne sont plus, mais ils

renaîtront incarnés à nouveau peut-être : c'est
la seule justification de ce qui se passe ici-bas,
à notre sens, du moins.

Et il a fallu les dernières découvertes de la
science moderne pour arriver à comprendre
enfin les leçons mystérieuses des grands Initiés
des temps passés ; leçons méconnues jusqu'à
nos jours et qui ouvrent à nos yeux éblouis
une vue rétrospective sur des époques dont
les dates sont si éloignées que les plus hardis
calculateurs n'osent les supputer.

On le voit, d'après tout ce qui précède,
l'anthropologie moderne, est-elle bien venue à
rire des Titans de la science occulte des initiés,
de même qu'elle rit de l'unique Adam biblique ;
de même que la théologie rit de son ancêtre
pithécoïde ; de même était-elle bien venue à
rire de l'Atlantide des anciens, de nier son
existence, alors qu'à l'heure actuelle, forcée
par l'évidence même des faits, elle a reconnu
tardivement son erreur ? Nous n'insisterons
pas. La science des grands initiés de l'antiquité a peu de choses à redouter de la critique
des savants modernes sur ce sujet aussi bien

que sur beaucoup d'autres encore, tant les
plus autorisés parmi eux présentent peu de
fonds dans leur anthropologie Darwinienne et
dans leur théologie Biblique.

CHAPITRE IX

**Légende de la Tour de Babel. — Un seul langage.
Dispersion des hommes.**

De l'exposé présenté par nous des émigrations des anciennes races, émigrations qui ont dû être successives, un fait se dégage, c'est que, primitivement, avant de quitter leur lieu d'origine, un même idiome était parlé par ces populations ; et plus tard, lorsque quelques-unes des sous-races se sont rencontrées dans les lieux de passage, elles ont pu se comprendre sans grande difficulté. D'où est venue la légende de la Tour de Babel ou de la confusion des langues, épisode raconté dans la Bible Judaïque, que corrobore, nous le pensons, ce que nous avons exposé du libre accès des premiers continents.

Il est écrit, qu'avant la dispersion, toute la

terre était une seule lèvre, c'est-à-dire possédait un même langage. Comment cela aurait-
il pu s'effectuer, si précédemment, toutes ces
populations venues de régions si diverses pour
aboutir dans les plaines de Sennaar, n'avaient
pas eu, en leur possession, une langue de même
origine, provenant sans doute d'une langue
mère ?

Cette tradition de l'unité de langage, à l'origine des temps, repose-t-elle sur un fait que
la science moderne puisse contrôler ? Nous le
pensons ; et la philologie comparée va nous
permettre d'élucider cette question.

Dans un travail récent, la Linguistique vulgarisée, par suite de la comparaison des idiomes
sémitiques avec le sanscrit, langue-mère dont
toutes nos langues occidentales dérivent, nous
émettions cette idée à savoir : que le Sanscrit
et l'Hébreux, contrairement aux dénégations
de presque tous les sanscritistes, avaient une
origine commune; qu'il n'était pas douteux,
tant les radicaux hébreux et sanscrits présentent de similitudes dans une foule de mots
essentiels et primordiaux, qu'il y eût identité,

quant à l'origine des deux idiomes. Et nous ajoutions que cette identité serait encore plus complète, pour les mots n'entrant pas dans le cadre, si l'on ramenait les mots hébreux à la structure monossyllabique des radicaux sanscrits.

En effet, le sanscrit, dans la formation de ses vocables, procède par deux lettres radicales, tandis que l'hébreu procède par trois lettres radicales. Et à la suite de cette observation, nous avons cherché à démontrer, au moyen de tableaux présentés par genres et par familles, tant hébreux, que sanscrits, apôtre convaincu de l'unification du langage, qu'à l'origine des temps, cette unité avait dû exister, puisque cette unité avait persisté jusqu'au dernier moment pour l'hébreu et pour le sanscrit. Or, dans un travail de la traduction littérale et mot à mot de la Genèse opéré par nous, nous avions été frappé, à sa lecture, de la relation du fait de l'unité de langage attesté par Moïse, à cette époque primitive de l'Humanité. Quel est le sens réel attaché à cet épisode se rattachant intimement à la question de l'émigration des peuples ?

Comme partout, dans les livres attribués à Moïse, le sens littéral ne couvrirait-il pas un sens caché ? nous le pensons et venons présenter ici au lecteur le résultat de nos appréciations.

A la suite de luttes nombreuses et acharnées entre les différentes castes des populations habitant la péninsule de l'Indoustan ; tantôt, entre la caste des Brahmes et celle des Xchâtrias (guerriers) ; tantôt, entre les castes inférieures et les castes supérieures, des émigrations successives consignées exactement dans les livres historiques de l'Inde, ont eu lieu de bonne heure, et se sont répandues au loin, en quittant le berceau commun, se dirigeant de préférence vers les riches contrées baignées par l'Euphrate et le Tigre. D'où la conséquence rigoureuse, que les populations refoulées de l'Inde emportaient avec elles leurs dieux lares, leurs mœurs, leurs coutumes, leur langue ; en un mot, leur civilisation, d'autant plus avancée, que les émigrants appartenaient aux classes plus cultivées. Quoi de plus rationnel, quoi de plus plausible alors, qu'à une certaine époque de l'Histoire,

époque déterminée par la légende de l'érection
de la tour de Babel suivie de la dispersion des
hommes mentionnée dans la Genèse Biblique,
les populations provenant de ces émigrations
aient parlé un même langage, puisqu'elles
essaimaient d'un même tronc ?

De là est venue, selon nous, la tradition
biblique, le souvenir évoqué au chap. XI de la
Genèse (V. I).

Quant à la confusion des langues qui aurait
suivi et aurait fait cesser l'unité de langage
existant, lors de l'érection de la tour de Babel,
rien de plus simple. — La lettre recouvre un
sens caché, avons-nous dit, un arcane.

La Mésopotamie était le passage de prédilection, presque obligé, des grandes émigrations
indoues ; consultez la carte.

Or, la race arienne, race supérieure, exorçait
un pouvoir dominant dans l'Inde sur des races
mêlées, brune, jaune et noire. — Lorsque ces
dernières furent refoulées par la conquête et se
répandirent au loin, pour telle cause que ce
soit, ces races mêlées, de même que les Indous
immigrés à diverses époques, conservèrent leurs

idiomes propres, tout en comprenant cependant l'idiome de leurs vainqueurs. — De ce fait, provient, à la fois, et l'unité de langage mentionné d'abord par la Bible, et la confusion des langues qui eut lieu après.

Cela est si vrai, que s'il faut en croire les Assyriologues, dans les fouilles modernes exécutées au lieu même où se dressait la tour de Babel, et dans tout le vaste empire des Assyriens-Babyloniens, on a constaté, incrustés sur des briques servant de caractères d'écriture, les édits de plusieurs souverains transcrits en vingt-deux idiomes différents.

Ce qui prouve à la fois, avons-nous dit :

1° Qu'une langue unique a pu exister tout d'abord parmi les populations provenant des premières émigrations de classes supérieures vaincues et forcées de s'expatrier ;

2° Qu'à ces flots d'êtres humains, se sont réunies d'autres populations chassées à leur tour, mais de castes inférieures et de sang mêlé. D'où est venue la nécessité pour les souverains de Babylone et de Ninive, de faire transcrire leurs édits en vingt-deux idiomes différents, afin d'être compris de leurs sujets de provenances diverses.

3° Enfin, que ces populations superposées venant directement de l'Inde, par étapes successives, pourquoi ne pas admettre que de ce mélange confus d'idiomes distincts, d'autres idiomes ont pu se constituer à la longue, conservant du sanscrit, qu'ils parlaient ou comprenaient à l'origine, les éléments propres à les différencier, tout en se séparant de la langue mère, par quelques caractères particuliers ? Nous pensons qu'il a dû en être à peu près ainsi ; et le phénomène qui a présidé à la formation de nos langues occidentales en est la preuve manifeste.

Tout en présentant chacune un langage particulier, elles se rattachent cependant au sanscrit, par leurs radicaux.

Et comme une conséquence en amène une autre, il résulte que le fameux récit de la confusion des langues n'est et ne peut être que le développement historique d'une loi naturelle, et rien de plus, dégagée de toute idée de merveilleux.

Les émigrants venus dans les plaines de

Sennaar, par couches superposées, offrirent, à un certain moment dans leur langage, les caractères propres à la race dont ils sortaient. De là, la confusion du langage ; de là, la dispersion de ces hordes, parce qu'elles ne pouvaient plus s'entendre.

Les races brune, jaune et noire, étaient issues des races vaincues, augmentées des malfaiteurs exclus des castes de l'Inde. Ces populations réunies en Mésopotamie, races pillardes et indépendantes, vagabondes s'il en fut jamais, ne se constituèrent pas en tribus à demeures fixes. On les a considérées à tort comme autochtones, sous les noms de Touraniens, Accadiens, etc. Or, Babylone et Ninive, avons-nous dit plus haut, n'ont jamais été que de vastes camps retranchés, des lieux de dépôt pour les rapines des tribus nomades de la contrée. Ces populations semblables aux vagues du désert qui les entouraient, variaient sans cesse en nombre, s'augmentaient ou s'affaiblissaient, selon que la contrée foulée sans cesse par le flot des envahisseurs de passage, leur permettait de respirer. Elles ne purent jamais former de corps de

nations stables, et ne furent, à proprement parler, que des agglomérations d'êtres humains
obéissant sans murmure aux lois farouches des
conquérants, qui les transportaient à la suite de
leurs chars de guerre, comme un vil bétail, bon
à égorger ou à vendre.

En effet, la Babylonie constamment démembrée, depuis le fabuleux Nemroud et l'apo-
cryphe Sémiramis, devint la proie de toutes les
peuplades de ces contrées nomades : pasteurs
d'Elam et du Sennaar, Assyriens, Perses, Macé-
doniens, Parthes, Sassanides, Arabes; et en
dernier lieu, Persans et Turcs. — Tous régnèrent
successivement sur les bords de l'Euphrate et
du Tigre. Quelques ruines indiquent seules
aujourd'hui la place où furent Babylone et Ninive. De là cette promiscuité de populations et
de langages, constatée du reste dès la plus haute
antiquité, puisqu'au temps du dernier empire
Chaldéen, dans l'intérieur même de Babylone,
il se parlait dix langues différentes qui souvent
n'étaient point comprises d'un quartier à l'autre.
Aussi Eschyle, le vieux poëte des Hellènes,
appelait-il les habitants de cette ville : « foule

mêlée de toutes les origines. » Et tous les édits des rois de Babylone rapportés dans le livre de Daniel, commencent par ces mots : « On vous fait savoir peuples, tribus, langues, etc. » En présence de ces citations authentiques, le doute n'est plus permis sur ce sujet ; et n'en déplaise aux doctes mandarins de la Sorbonne, et en particulier à l'érudit M. Lenormand, le bien fondé de notre thèse nous parait acquis. C'est au lecteur à juger.

CHAPITRE X

Age présumé des Continents.

Si nous passons à la durée des périodes géologiques, il ressort des considérations mises en avant par les savants modernes, qu'elles sont aussi inconstantes que les flots mouvants de la vaste mer.

Prenons, comme preuve à l'appui, les exemples suivants. D'après les savants de la Société royale de Londres, au sujet de la supputation des principales formations géologiques, les écarts entre leurs diverses hypothèses sont tels, qu'elles s'annulent en quelque sorte les unes les autres, par des différences variant de quatre, cinq, à trois cents millions d'années, pour quelques unes ! Nous n'inventons pas ; nous constatons, voilà tout.

M. Croll évalue à 2 millions, 500,000 années, le temps qui s'est écoulé pour la formation de la période éocène de l'âge tertiaire (première partie de cet âge géologique).

A. Winchell, professeur de géologie, assigne à cette même période éocène de l'âge tertiaire, 15 millions d'années. Calculée par un autre géologue, Charles Gould, les appréciations de la doctrine secrète sur la formation du continent, demeure des créations préhistoriques, n'ont rien d'exagéré. En assignant, comme le dernier auteur cité par nous, 4 à 5 millions d'années, entre le commencement et la fin de l'évolution de la quatrième race sur les continents habités par les Lémures-Atlantes, un million d'années, pour la cinquième, ou race aryenne dans son développement, et environ 850,000 ans depuis la submersion de la dernière et grande péninsule de l'Atlantide, tous ces calculs prennent aisément leur place parmi les 15 millions d'années accordés par M. Croll à l'âge tertiaire tout entier.

Chronologiquement, ce que l'on nomme période, en géologie, n'offre qu'une importance secondaire, eu égard à la marge énorme offerte aux savants dans leurs recherches.

En effet, beaucoup plus audacieux que leurs devanciers, certains savants américains, fermes dans leurs convictions, sans s'arrêter aux objections de leurs confrères de l'Occident, maintiennent encore maintenant l'idée que l'homme a existé non seulement à l'âge tertiaire, ce qui n'est pas douteux pour eux, mais beaucoup plus en arrière, à l'âge secondaire. Ils ont rencontré des empreintes de pieds sur les rochers de cette formation. Une autorité scientifique d'un grand poids vient à leur aide sur ce point. L'illustre M. de Quatrefages a émis l'opinion qu'aucune raison scientifique valable ne saurait démontrer que l'homme n'a pas existé durant l'une des périodes de l'âge secondaire.

En vérité, ainsi que nous l'avons dit plus haut, les différents âges, en géologie, ne sont que des termes purements conventionnels, plutôt fictifs que réels. Dans les sciences, les classifications ne sont le plus souvent que des jalons, des formes bonnes à circonscrire les sujets à l'étude, permettant à l'esprit de ne pas s'égarer, et à préciser le champ de ses observations. Vouloir assigner aux différents règnes de la nature des contours précis, aussi bien qu'une limite infranchissable, c'est se tromper étrangement et faire fausse route, couper court à toute synthèse générale qui peut être faite de l'ensemble du système du monde.

La nature ne se découpe pas par tranches. Son but providentiel est l'unité dans la diversité apparente ; on l'oublie trop souvent. — Combien de lacunes dans les meilleurs systèmes, lorsqu'on s'arrête à des classifications trop archaïques? Pour ne parler que des périodes géologiques, ne voit-on pas, mille et mille fois, la Flore et la Faune d'une époque empiéter sur une autre, au grand désespoir des classificateurs ? La théorie Darwinienne du transformisme à outrance a-t-elle pu combler l'abîme existant encore, en ce qui concerne sa fameuse descendance de l'homme du singe ? Nullement, et il faudra y renoncer, depuis la communication récente d'un savant français à l'Académie des sciences, démontrant *ex professo* devant la docte compagnie, que le gorille ne saurait être

notre ancêtre, à aucun point de vue scientifique :
et cette fois, la sentence est bien sans appel.
Sir Charles Lyell l'inventeur des termes Eocène,
Miocène et Pliocène, appliqués aux trois divisions entrevues par lui de l'âge tertiaire, n'a prétendu leur donner qu'un sens approximatif et
non défini. Il y aura donc encore de beaux jours
pour les classificateurs sur ce sujet !

Comme les âges géologiques ont été jusqu'ici
à peine décrits par des traits figuratifs sur les
cartes modernes ; et que sur celles présentées,
deux géologues ou naturalistes seuls les ont ac-
ceptées, les divisions géologiques et géographiques des anciens occultistes ou initiés demeurent donc entières, et attendent la réfutation
qui n'a pu en être faite jusqu'à ce jour.

Si nous passons à l'époque de la stratification
des terrains cherchant à se solidifier avant qu'ils
puissent servir d'*habitat* aux règnes de la nature,
les savants modernes arrivent à des supputations d'années stupéfiantes, qui se chiffrent par
centaines de millions d'années ; et ces mêmes
savants repoussent avec dédain la chronologie
des Brahmes beaucoup moins touffue en millions d'années cependant !

Ma foi, notre humble opinion est que millions pour millions, les millions des uns valent les millions des autres, s'ils valent quelque chose ; s'ils ne valent rien, nous les renvoyons dos à dos. Que les pundits de l'Occident s'entendent avec les pundits de l'Orient.

M. Mellard Réade, dans un mémoire soumis par lui en 1878 à la société royale de Londres, prétend que le temps minimum requis pour la formation des couches géologiques et l'élimination (l'évaporation) de la matière calcaire est en chiffres ronds de 600 millions d'années (London vol XXVIII p. 281) ; quant à M. Darwin, il réclame pour les transformations organiques qui résultent de sa doctrine 300 à 500 millions d'années !

Sir Leyell et le professeur Houghton, plus modestes, se sont contentés de 200 et 240 millions, pour la formation de l'âge Cambrien.

Quoi qu'en pense M. Huxley, géologues et zoologistes, placent le commencement de la terre à 1000 millions d'années et ne se résigneraient pas à en déduire un seul millénaire.

Pour nous, le point principal ne gît pas dans l'accord ou le désaccord des naturalistes sur la durée des périodes géologiques, mais plutôt de leur rencontre unanime sur un point qui a lieu de surprendre, et très important par lui-même. Tous tombent d'accord : 1° pour assigner à la durée de l'âge miocène, un ou dix millions d'années ; 2° à affirmer que le Groënland et même le Spitzberg, restes du second continent hyperboréen signalé dans la nomenclature des anciens initiés citée plus haut, possédaient un climat presque tropical.

Or, les grecs pré-homériques avaient conservé une tradition sérieuse de cette terre, celle d'un soleil éternel, où leur Apollon voyageait annuellement.

Pendant l'âge miocène, le Groënland (in N. lat. 70°) se trouvait recouvert en abondance d'arbres reconnus pour le yew, le redwood, le sequoia, confinant aux espèces connues en Californie sous le nom de Beches, Planes, Willous, Oaks, Poplars, et Walnuts, aussi bien qu'au Magnolia et au Zamsa, disent les savants naturalistes Anglais et Américains. Bref, le Groënland possédait des plantes méridionales inconnues aux régions septentrionales.

S'il en est ainsi, une autre question se présente.

Puisque les Grecs avaient connaissance, au temps d'Homère, d'une terre dénommée par eux la terre bénie, au delà de celle qu'ils appelaient la terre Hyberboréenne ; terre hors de l'atteinte de Borée, le Dieu de l'hiver, de l'ouragan et des tempêtes ; région idéale que les anciens Grecs et leurs classiques ont en vain essayé de localiser ; région que, d'après leurs recherches, ils plaçaient au delà de la Scythie ; où les nuits étaient courtes et les jours longs ; et si, au delà de cette terre hyberboréenne, ils ont imaginé et signalé une autre terre où le soleil ne se couchait jamais, où le palmier croissait en toute liberté, d'où tenaient-ils cette connaissance ?

Dans les temps antérieurs, très certainement, les terres du Groënland avaient déjà été recouvertes de neiges perpétuelles et devaient présenter l'aspect actuel. Tout ce que nous venons de dire tend donc à faire croire, à démontrer que la terre des courtes nuits et des longs jours était la Norwège ou Scandinavie, avant que « la terre bénie de l'éternelle lumière » fût connue.

Et pour que cette tradition ait persisté chez les Grecs, il faut que ces derniers soient descendus d'un peuple plus ancien qu'eux-mêmes, qui avait acquis cette tradition que les grecs n'auraient pu connaître sans cela.

Du reste, la science moderne vient à l'appui de cette assertion. Depuis longtemps déjà, les navigateurs ont soupçonné au delà des mers du pôle, au cercle véritable du pôle arctique, l'existence d'une vaste étendue d'eau qui serait libre des glaces qui obstruent ses alentours. Cette mer intérieure ne gèlerait jamais et aboutirait à un continent qui serait toujours vert.

On a tenté maintes fois de forcer ce fameux passage du Nord-ouest, mais sans succès jusqu'ici. Peut-être le jour n'est-il pas loin où, par un hasard heureux, ce problème sera résolu ; et un continent de plus pourra être ajouté à ceux déjà connus.

Pour ceux qui savent comprendre les allégories du passé, les enseignements archaïques, de même que l'étude des Pouranas, sont de tous points conformes à l'hypothèse moderne que nous venons d'énoncer, sur une mer libre, au delà du Pôle arctique, qui doit conduire au mystérieux continent désigné par la tradition antique.

Dans ces conditions, il y a forte probabilité qu'un peuple maintenant inconnu de l'histoire, vivait en ces contrées pendant la période géologique de l'âge Miocène, dans un temps où le Groënland était une terre presque tropicale.

Comme dernière preuve justificative à l'appui de la thèse présentée par nous au début de cette étude sur les mystères dont fourmille l'Inde antique, et qui n'ont point encore été élucidés, nous croyons devoir mettre en lumière ici la relation d'une découverte importante. Attestée par des explorateurs dignes de foi, elle constate qu'au centre même de l'Asie, une civilisation Archaïque a existé, civilisation inconnue jusqu'à nous, dont l'histoire n'a jamais fait mention. C'est une source nouvelle de recherches, à la suite de tant d'autres que nous ont ménagées et que nous ménage sans doute encore cette vénérable génitrice du genre humain.

CHAPITRE XI

Temps préhistoriques.
Découverte d'une civilisation mystérieuse
au centre de l'Asie

Depuis qu'un courant d'idées, de plus en plus
irrésistible, porte les esprits curieux des traditions antiques, vers le passé des races disparues
de notre globe, un grand nombre d'explorateurs
intrépides, mus par l'amour de la science,
ont sillonné dans tous les sens le centre même
de l'Asie. — Au prix des plus grands dangers,
ayant à lutter contre les éléments, et voyageant
souvent parmi des populations inhospitalières,
leurs recherches ont pu cependant quelquefois
être couronnées de succès. Gloire leur soit ren-
due! Car ce n'est pas sans quelque orgueil que
revenus en Europe, ils ont été à même, par
leurs récits empreints de sincérité, de présenter

aux savants étonnés et presque stupéfaits, les preuves indiscutables d'une civilisation mystérieuse dont les vestiges vénérables sont encore là de nos jours, gisants épars au milieu des déserts de sable du centre de l'Asie, soit enfouis dans des cavernes immenses ayant échappé au regard des humains, au long cours d'âges qu'on ne saurait supputer.

C'est qu'en effet, l'homme n'est pas né d'hier. Notre chronologie étriquée est bien pâle en regard de la réalité des faits. — Nos races actuelles, dégénérées, et produit de races qui leur étaient de beaucoup supérieures, et auxquelles elles ont succédé, ne font qu'accomplir, dans l'Humanité, le rôle qui leur est assigné par la loi d'évolution. Appelées à disparaitre comme leurs devancières, peut-être, à leur tour, dans quelques milliers d'années, serviront-elles de sujet d'études à une nouvelle race. Peut-être les savants d'alors auront-ils à scruter leur origine, de même que les érudits d'aujourd'hui recherchent l'énigme qui leur est présentée par l'exhumation, en quelque sorte, de populations dont jusqu'ici nul n'avait jamais soupçonné l'existence. — Leur nom a été presque effacé de la mémoire des hommes ; à moins qu'on ne veuille prendre, comme une affirmation, l'écho affaibli de légendes locales à ce sujet.

Qu'est-ce qu'une légende après tout ? La trace indéniable d'un fait ayant laissé son empreinte là où elle s'est formée, et perdant d'autant plus son caractère précis dans le temps, qu'elle s'éloigne de l'époque où le fait a pu avoir lieu.

Revêtant tout d'abord la forme orale, le récit passe de bouche en bouche, soumis à tous les caprices de l'imagination de l'homme, s'empreint de merveilleux ; et colporté de siècle en siècle, n'arrive que dénaturé aux époques postérieures, alors que la science s'en empare et cherche à en extraire la substance.

Tel est à peu près le cas pour l'exposé que nous présentons au lecteur.

Des ruines dénotant une civilisation très-avancée existent, avons-nous dit, au centre même de l'Asie. Quel est l'organisme humain, quelle est la nation, en un mot, qui a pu mettre en œuvre cette civilisation ? L'Histoire est muette à cet égard. Le champ des hypothèses se trouve donc ouvert ; et il faut espérer qu'un chercheur de génie arrivera à pouvoir reconstituer cet édifice écroulé d'une civilisation disparue, qu'il arrivera à faire parler le sphinx !

Jusque-là, qu'il nous suffise de citer les relations d'explorateurs qui ont visité ces contrées, entre autres, celle du général russe Prejévalsky.

Au Thibet, dans les montagnes, existe une muraille gigantesque qui n'a point encore disparu, se prolongeant au loin depuis le cours de la rivière Khuan-Ké, en bas des monts Kara-Korum. Cette construction témoigne d'une civilisation très avancée ayant dû exister là, il y a des milliers d'années. Quels secrets étranges, quelles révélations pourraient surgir de ces vestiges vénérables, s'il nous était donné de faire revivre ce passé, lettre morte pour le genre humain actuellement ?

Les portions orientales et centrales de ces régions, connues sous le nom de Nan-Schayn et Altine-Taya, étaient autrefois recouvertes, dans un temps qu'il est impossible de supputer, de nombreuses cités qui pouvaient rivaliser avec la Babylone relativement moderne.

Une période géologique tout entière s'est accomplie depuis que ces cités anté-diluviennes ont exhalé leur dernier souffle. — Enfouies au-dessous des remparts mouvants de sables sans cesse renouvelés, elles reposent au milieu de terres désolées, mortes à tout germe de vie; contrées formant les plaines centrales immenses du bassin du Tarin, dont les limites seules sont superficiellement connues du voyageur.

Au milieu de ces plaines stériles, de fraîches oasis se rencontrent cependant où nul pied humain n'a pu encore s'aventurer, car leur abord est tellement difficile, qu'elles sont inaccessibles même aux naturels du pays, par suite des ouragans qui ravagent entièrement les plaines en avant d'elles.

A la suite de ces tempêtes de sable, des abîmes profonds se creusent dans les entrailles de la terre; des ouvertures se sont formées donnant accès dans le sous-sol de quelques-unes de ces oasis : espèces de cavernes sablonneuses où plusieurs armées pourraient se mouvoir à l'aise.

Du reste, ces antiques civilisations sont en quelque sorte démontrées dans d'autres régions de cette même contrée, relativement plus peuplées. L'oasis Tchertchen, par exemple, située à environ 4,000 pieds au-dessus du niveau du **fleuve** Tchertchen-d'Aria, est entourée dans toutes directions, de ruines archaïques, débris de cités détruites.

On a rencontré, en cet endroit, plus de trois mille squelettes ou ossements humains, vestiges avérés de races, de nations éteintes dont les noms sont maintenant inconnus à nos ethnologistes.

A vouloir classer, diviser ces ossements, combien un anthropologiste de profession se trouverait embarrassé, puisque les descendants respectifs de toutes ces races anté-diluviennes, mêlées et confondues, les reconnaissant comme leurs ancêtres, sauraient à peine donner quelques vagues renseignements sur ce point important de leur descendance supposée.

Lorsqu'on les interroge sur leur origine, les habitants actuels de ces contrées répondent invariablement : « qu'ils ne savent pas d'où leurs pères sont venus, mais qu'ils ont entendu dire que le premier ou les plus anciens hommes de ces localités avaient été gouvernés par les grands génies de ces déserts. »

Qu'une semblable réponse puisse être imputée à l'ignorance ou à la superstition, soit pareillement à un enseignement oblitéré d'une doctrine secrète ésotérique, une base demeure cependant, étayant en quelque sorte ce récit : Nous voulons parler d'une tradition primordiale dont on doit tenir compte dans une certaine mesure.

Seule entre toutes les tribus du pays, celle du Khoôrassan prétend être venue de la région connue, de nos jours, sous le nom d'Afghanistan ; et cela, bien avant Alexandre ; et ces légendes apportées et apprises viendraient corroborer les récits des natifs du pays.

De plus, le célèbre voyageur russe Préjevalski déjà cité, rapporte que dans l'oasis de Tchertchen, au Thibet, existent les ruines de deux vastes cités; la première a été détruite, selon la tradition locale, il y a 3,000 années, par un héros considéré comme un géant; et la deuxième, plus récemment, par les Mongols, vers l'an mil de notre ère.

L'emplacement de ces deux cités, d'une étendue prodigieuse, se trouve actuellement recouvert par les sables du désert, livré au soulèvement impétueux des vents brûlants du simoun; et, à la suite des ouragans presque perpétuels en ces parages, on découvre parsemés çà et là, des porcelaines broyées, des ustensiles de cuisine, voire même des ossements humains.

Les natifs rencontrent assez fréquemment des vases d'or, ainsi que des monnaies en argent, des diamants, des turquoises; et ce qui doit le plus étonner, des verres cassés; des cercueils en bois d'une matière inaltérable ont été quelquefois exhumés, au-dedans desquels, des momies embaumées reposent dans leur dernier sommeil. Parmi ces momies, celles représentant des hommes sont toutes de haute stature, et dépassent de beaucoup la moyenne ordinaire. Elles sont puissamment bâties, avec de longs cheveux ondoyants.

Dans une autre excavation, se trouvent douze squelettes d'hommes accroupis, les machoires affermies par un cercle d'or passant dessous le menton, en travers du sommet de la tête.

Peu de temps après, a été découvert par nous le sépulcre séparé d'une jeune fille. — Elle était entourée dans un étroit vêtement de laine, le sein recouvert d'ornements étoilés en or, les pieds laissés à découvert. (Lecture faite par Préjévalsky qui ajoute que tout le long de la route longeant la rivière de Tchertchen, il a entendu dire par les naturels du pays que, selon des légendes antiques, trente-trois villes très anciennes ont été ensevelies en ces lieux, dans le passé, sous les sables du désert.)

Une tradition identique existe sur le Lob-Nor et dans l'Oasis de Kerya, où l'on retrouve les traces d'une ancienne civilisation disparue, remontant à des temps que l'on ne saurait évaluer : ce qui donne le droit d'ajouter foi à une autre légende garantie en quelque sorte, par les pundits, savants de l'Inde et de la Mongolie, lorsqu'ils font mention d'un immense amas de documents (espèces de bibliothèques exhumées des sables, reliques vénérables de l'antique savoir magique, dont les habitants étaient alors en possession d'après la légende (1).

Ces documents recueillis au dehors et mis en sûreté, n'attendent plus, pour être déchiffrés, que d'être étudiés, si tant est qu'on puisse jamais retrouver la clef du sens profond qu'ils renferment.

La science occulte répond à ces désiderata avec cette réserve toutefois, que ceux qui s'y adonnent se montrent très discrets sur la nature des sources où ils vont puiser leurs documents ; car ceux qui ont détenu au cours des âges et détiennent encore aujourd'hui la clef de symboles dont nous possédons seulement des thèmes commentés par à peu près, n'ont jamais voulu déchirer le voile en entier. Pourquoi dira-t-on ? Par la raison que la lumière trop éclatante de la vérité n'était point bonne à

____

(1) Rapprocher ici la taille de géants attribuée aux anciens Atlantes, ainsi que leur pouvoir magique.

être projetée dans un monde non encore préparé à ces sublimes enseignements.

Il ne faut pas se le dissimuler d'ailleurs, nous connaissons fort peu de choses sur la doctrine véritable des grands initiés des temps antiques. Des documents existent, cela n'est plus douteux, mais qui les connaît de nos jours exactement sans crainte d'erreur? quel est le savant assez osé, fût-il initié lui-même, qui ait pu, en toute sincérité, affirmer sa compétence en ce qui concerne un enseignement qui a toujours été célé jusqu'ici, alors que son devoir d'initié était de se taire?

Telle est la question; il ne faut pas la chercher où elle n'est pas, heureux, si nous pouvons un jour être plus éclairés en ces matières. Ce doit être le vœu le plus ardent de tous les amis de la science. En attendant, contentons-nous des à peu près qui dépassent encore de beaucoup les élucubrations philosophiques modernes sur le système du monde, tant physique, qu'intellectuel et moral.

En somme, la découverte d'une civilisation pré-historique, au centre même de l'Asie, est

éminemment suggestive. Elle démontre tout
d'abord, d'accord en cela avec la science, que
des bouleversements géologiques ont eu lieu
en Asie, à des époques différentes, qui ont eu
pour effet de remanier la structure même de
cette partie du globe actuel, par delà les plus
anciennes civilisations connues : conséquence
immense, ouvrant des horizons presque infinis
à la superposition des races humaines les
unes sur les autres. Puis, en outre, s'il en est
ainsi, un autre fait rigoureusement déduit en
découle, à savoir : que les races humaines
dépassent les cataclysmes au milieu des transformations produites dans la structure terrestre,
les suivent en quelque sorte ; et, qu'à chaque
convulsion géologique, succède une convulsion
ethnique, si nous pouvons nous exprimer ainsi.
Ce qui dénoterait un plan providentiel unitaire
dans toutes les parties du Cosmos, où chacune
d'elles viendrait se joindre à l'ensemble, en
créant l'unité du dessein conçu, appelé à se
survivre au milieu de transformations successives. Chaîne sans fin, reliant le passé au présent,
affirmant le progrès dans la création, progrès

jamais interrompu dans l'espace et dans le temps, se mouvant dans l'Eternité sans limites!

L'homme a toujours conçu d'instinct cette grandiose épopée qui le relie à tous les êtres ; c'est, en un mot, le Divin qui l'étreint de toutes parts pour ne plus le quitter à jamais !

Si haut que l'on remonte dans les souvenirs du passé, les sondant d'un œil curieux, attentif à recueillir les similitudes ou les coïncidences : qu'on les dénomme ainsi, si l'on veut, qu'importe ! on retrouve les mêmes traditions parmi les peuples les plus divers, soit au Nord, soit au Sud, soit à l'Orient, soit à l'Occident.

Une doctrine secrète conservée avec un soin jaloux dans les sanctuaires, ésotérique à son origine, puis exotérique, s'est toujours affirmée, au moyen de Symboles hiératiques; religion universelle de l'ancien monde préhistorique. Nos religions modernes en dérivent directement.

Il faut le proclamer ici bien haut: il n'y a eu dans le passé qu'une seule religion, aussi bien qu'il n'en existe qu'une dans le présent, et qu'il n'y en aura qu'une dans l'avenir, sous des vêtements différents, il est vrai, mais ayant possédé et devant toujours posséder le caractère unitaire inhérent à celui de la nature humaine.

L'homme est simpliste par essence, et la science véritable le démontre victorieusement.

La diffusion d'une doctrine secrète dans le passé ne saurait être mise en doute ; le débat, s'il peut en exister un sur ce point, se restreint à une question d'interprétation. Or, la tradition acceptée sans conteste dans l'antiquité rapporte que, lors de la destruction de la bibliothèque d'Alexandrie, des milliers de vieux parchemins relatant cette doctrine secrète, tant controversée par les modernes, ont été sauvés du désastre. Comment le savoir maintenant ?

En fondant la ville d'Alexandrie, le fondateur conçut l'idée de faire de cette cité un centre de lumière qui pût devenir par son rayonnement le point d'union entre l'Orient et l'Occident : ce qui explique le nombre immense de volumes ou manuscrits contenus dans la bibliothèque qui fut créée.

Sous Ptolémée-Soter, on s'adressa à tous les souverains de l'Asie et ailleurs, afin d'acquérir, en manuscrits originaux ou en copies, les ouvrages de tous genres qui existaient sur la terre. Projet grandiose qui reçut son exécution sous ce prince et fut continué sans interruption sous ses successeurs. (V. Flavius Josèphe, *Antiq. Judaïques*, liv. VII, chap. II. Epiphane, *De Mensuris et Ponderibus* § 9, 1).

A cette époque, le commerce des livres était considérable : ce qui amena des fraudes commerciales entretenues par des intérêts privés, combinées avec les fraudes pieuses familières à toutes les sectes de tous les partis. L'Eglise chrétienne primitive elle-même usa de ce procédé sans scrupule aucun, d'où s'en suivit un vaste système de falsification. Tous les noms célèbres grecs, africains, asiatiques furent évoqués ; et bientôt l'on vit arriver à Alexandrie par terre et par mer, sur de vieilles tablettes ou dans des rouleaux de papyrus, une foule de productions attribuées aux Orphée, aux Hermès, aux Manou, aux Musée, aux Zoroastre, etc. Les manuscrits invendus à la bibliothèque d'Alexandrie ne se répandaient pas moins au loin ; et soit que les éditions de ces productions fussent vraies, soit qu'elles fussent défectueuses, falsifiées, elles laissaient des traces fécondes ou néfastes.

Survinrent alors trois catastrophes : la première, sous Jules César, peu importante ; la seconde, plus tard, presque irrémédiable, car la bibliothèque fut livrée aux flammes par la main des chrétiens qui y mirent un acharnement passionné : puis enfin, plus près de nous, à l'époque d'Omar. Mais alors il n'y avait presque plus rien à détruire.

En présence de ces faits historiques, incontestables, que peut-il bien nous rester des richesses intellectuelles que contenait la fameuse bibliothèque d'Alexandrie? L'Occident a pu recueillir peut-être les épaves échappées au désastre ; mais ces manuscrits ou copies en grand nombre frelatés n'ont pu servir qu'à induire souvent en erreur nos savants, dans le plus grand nombre des exposés qu'il nous ont faits des mystères des vieilles religions antiques. Voilà la vérité.

Un point à noter ici. Le christianisme s'est formé à Alexandrie par un mélange des doc-

trines de l'Orient et de l'Occident. Qui ne sait,
avons-nous dit plus haut, que, si sous le règne
d'Akbar, dans le nord de l'Indoustan, des
quantités de manuscrits, fruit de travaux écrits
en langue sanscrite, ont été anéantis, conformément aux ordres insensés d'un souverain
fanatique et barbare ; d'un autre côté, le sud
de l'Indoustan qui avait échappé à l'invasion,
n'a pu subir les mêmes calamités.

Les antiques parchemins, écho des enseignements de la doctrine secrète des grands
initiés ont été pieusement conservés dans les
temples ; ils y sont encore aujourd'hui, entourés
de gardes vigilants, afin de les soustraire aux
regards des profanes.

En Chine et au Japon, d'après une tradition
universelle, les textes les plus vieux de cette
doctrine secrète avec les commentaires, qui
seuls peuvent aider à la rendre compréhensible,
textes s'élevant à des milliers de volumes, ont
été mis, depuis longtemps, hors de la portée de
mains profanes.

Toutes ces causes réunies expliquent pourquoi
a été perdue, depuis des siècles, la clef qui

aurait permis seule de déchiffrer le sens véritable attaché à ces symboles multiples et si variés.

Ne les rencontre-t-on pas du reste dans la vaste littérature sacrée et occulte, représentée en Egypte, par les archives hiéroglyphiques; à Babylone, par les caractères cunéiformes retrouvés et composant des bibliothèques prodigieuses ; dans l'Inde, par les commentaires secrets qui seuls pourraient rendre intelligibles le sens caché des Védas; vérités cachées pour l'œil du vulgaire, visibles pour l'initié des sanctuaires?

Ainsi que des voyageurs l'ont constaté, d'après la relation qui précède, un nombre considérable de ces manuscrits existe encore au milieu des cryptes solitaires de certaines régions du Thibet. — Qu'on consulte, à cet égard les Bouddhistes, tous seront unanimes à affirmer l'existence de leurs livres secrets.

Si les initiés qui se sont toujours succédé d'âge en âge, jusqu'à nos jours, ont cru devoir conserver intact le dépôt précieux des connaissances qui leur ont été confiées par leurs devanciers, il ne faut pas croire qu'ils aient été mus par des sentiments d'orgueil ou d'intérêt personnel. Loin de là. — En présence des forces terribles et secrètes mises à leur disposition par le fait de l'initiation, forces produites par des lois physiques naturelles à travers les âges, il eût été dangereux de répandre de telles connaissances à des multitudes non préparées à les recevoir, et qui auraient pu les appliquer au mal, au lieu de les appliquer au bien.

Entre autres pouvoirs acquis aux initiés seuls, nous avons mentionné le Vril, dont la puissance destructive a été retrouvée de nos jours par le physicien J.-W. Keely de Philadelphie.

Mais — dira-t-on — en ce qui concerne la philosophie pure, quel danger pouvait-il y avoir pour l'humanité, à la révéler dans son sens ésotérique ? En voici la raison. Prenons, pour exemple, la doctrine des chaînes planétaires, où les sept principes de l'homme se trouvent incarnés dans l'évolution de sept races distinctes, chaque principe se trouvant en corrélation avec le plan d'une planète et d'une race, les principes humains sur chaque plan sont pareillement en corrélation avec sept forces occultes inhérentes à chaque race, disent les initiés.

D'où il s'ensuit que les premières races ayant été les mieux douées, leur puissance physique et morale se trouvait être supérieure à celles qui ont suivi. Les races en dégénérescence, comme les races actuelles, ayant perdu le sens moral élevé de leurs devancières, ne sont point encore aptes, au point où elles sont arrivées de leur évolution, à s'adapter, à employer des forces susceptibles de causer un mal incalculable à l'humanité, si l'on n'y prenait garde.

Autrefois, l'emploi de ces forces était d'un usage constant chez certaines races privilégiées, nous n'en voulons pour preuve que les traditions conservées sur ce sujet, et que l'on rencontre si souvent dans les poèmes de l'Inde, surtout dans le Ramayana.

On le voit, d'autres civilisations plus parfaites que la nôtre ont existé, puisque nous les avons copiées sans en approcher encore; quoi d'étonnant alors, qu'au delà de l'antique civilisation indoue si peu connue, d'autres centres vivaces et resplendissant de lumière aient tracé leur sillon dans l'humanité, si loin en arrière, dans un passé obscur, que ces populations pour nous primitives, ne nous ont plus laissé qu'un peu de poussière comme témoignage de leur existence !

Tel est l'enseignement à retirer des divers sujets que nous avons eus à traiter dans cet ouvrage ; et puissions-nous comprendre enfin, pourquoi les grands initiés ont cru devoir nous mesurer avec parcimonie les quelques vérités livrées par eux, d'âge en âge, aux races futures.

CHAPITRE XII

Age védique ou patriarcal.

CONSIDÉRATIONS GÉNÉRALES

Au chapitre des émigrations des races primitives, nous avons cherché à les suivre dans
leur exode, à travers les premiers continents,
alors qu'ils se prêtaient, par leurs configura-
tions non définitives, au déplacement en masse
des populations, de région en région.

A une époque antédiluvienne qu'on ne saurait préciser, faute de documents, les tribus
descendant des Rutas, se trouvaient déjà fixées
dans le massif des hauts sommets des montagnes de l'Himalaya. Elles formaient une agglo-
mération particulière, qui, plus tard, devait
donner naissance à la nation Indoue.

A ce propos, nous ne saurions trop nous

élever, ainsi que l'a fait Jacolliot, contre l'idée
généralement en cours parmi les Orientalistes,
que les Arias ou Indous ont eu pour berceau
les plaines de la Bactriane, aujourd'hui le
Korassan. Cette idée est contraire à la logique
des faits probables.

Qu'à une certaine époque, la Bactriane soit
devenue le centre d'habitation de diverses
tribus descendues des Monts Himalaya et des
hauts plateaux du Pamir, pour quelque cause
que ce soit, rien de mieux, ayant quitté
leurs lieux d'origine, nous l'accordons volontiers ; mais l'on ne saurait perdre de vue que
les versants des plateaux de l'Himalaya et du
Pamir, les plus hautes montagnes du globe, ont
été le centre, le lieu d'origine des nombreuses
émigrations Indoues. Entourées et presque
noyées par les essaims innombrables de races
noire et jaune, des luttes séculaires ont dû s'établir entre ces dernières et les tribus indoues,
dont quelques-unes, sans nul doute, pressées et
chassées par leurs adversaires, ont dû quitter
les lieux qui les avaient vu naître et s'établir
solidement dans les plaines de la Bactriane où

elles se sont arrêtées. Puis plus tard, à l'époque védique, par un retour agressif, elles ont repassé l'Indus et le Gange, en conquérants cette fois, et ont soumis définitivement sous leurs lois les peuplades inférieures qui habitaient ces plaines immenses. Parties de l'Hymalaya, elles y sont revenues sans doute, retrouvant sur les pentes des montagnes les descendants de Rutas, leurs frères d'origine, qui s'y étaient maintenus.

Alors ne formant plus qu'un seul peuple, par leur fusion avec ces derniers, elles devinrent dans l'histoire la grande nation indoue, dont les fastes magnifiques resteront à jamais gravés dans les souvenirs reconnaissants de l'Humanité.

Comment vivaient ces peuplades qu'un passé séculaire rattachait déjà au sol de l'Orient; quels étaient leurs sentiments moraux; de quel œil envisageaient-elles les nombreux phénomènes d'une nature vierge, exubérante dans ses productions, admirable dans ses formes diverses ? C'est le sujet qu'il nous reste à exposer.

Le spectacle enchanteur d'une contrée bénie du ciel devait frapper l'imagination de ces populations naïves et primesautières, dans laquelle se réfléchissaient comme dans un miroir fidèle, les lignes grandioses d'une nature inépuisable.

Groupées d'abord par familles, puis par tribus; grisées en quelque sorte par l'air pur et vivifiant des montagnes, elles paissaient leurs nombreux troupeaux, errant à l'aventure, en pleine liberté, sur les points abordables des lieux qu'ils avaient choisis pour habitat, n'ayant d'autre guide que leur caprice, d'autre frein que leur moralité native.

Adonnées à la vie patriarcale, cette première étape de tout peuple en voie de formation, ces tribus se laissaient vivre, cherchant à étudier, à scruter ce qui se passait autour d'elles et en dehors d'elles.

Enfants de la nature, ils s'identifiaient avec elle, ils percevaient avec ravissement le murmure des torrents bondissant de cascatelles en cascatelles, pour aller s'épandre au loin dans les plaines et former des cours d'eau aux sinuosités capricieuses.

Bercés par les voix plaintives et mystérieuses qui résonnaient au plus profond des grandes forêts ombreuses, après de longues journées passées en contemplation devant les phénomènes divers dont le sens exact leur échappait, ils regagnaient leurs couches de feuillage, après les soins donnés à leurs troupeaux, se livrant au sommeil, la conscience tranquille, heureux de vivre, et alertes quand venait le réveil, recommençant le lendemain ce qu'ils avaient fait la veille.

Puis, parfois, survenait le déchaînement des éléments ; la foudre à la voix grave et solennelle, dont le son, répercuté à l'infini par mille échos de la montagne, imprimait dans leur âme une terreur superstitieuse ; les ouragans terribles de l'équateur à la course échevelée, broyant, et entraînant, comme fétus de paille, tout ce qui pouvait entraver leur marche, ne laissant le plus souvent derrière eux que la dévastation et la mort ! — C'est alors, que repliés sur eux-mêmes, presque affolés, saisis d'angoisse, terrassés par ces forces inconnues qui s'imposaient à eux, dans leur impuissance à lutter contre elles, ils eurent le sentiment de leur humble condition d'homme ; c'est alors, qu'ils eurent l'intuition de forces supérieures qui les écrasait en regard de leur petitesse.

Lorsque ces phénomènes se produisaient, émus et tremblants, ils se prosternaient à terre, et, attribuant à des génies la cause de ces faits qu'ils ne pouvaient définir, ils les adoraient afin de les conjurer. De là vient l'origine de la prière, le recours suprême de l'homme dans la bonne ainsi que dans la mauvaise fortune.

Que de temps il lui a fallu pour se soustraire aux périls sans nombre qui l'attendaient sur ce globe, pour maîtriser ces forces aveugles qui l'entouraient, et les faire servir plus tard à ses besoins journaliers !

Tout d'abord, nu et errant, n'ayant d'autre abri que la voûte des forêts ou les antres creusés dans le cœur même de la montagne que souvent il était forcé de disputer aux carnassiers des premiers âges, sans autres armes, sans autres outils que les pierres arrachées au sol, durant des siècles innombrables, il a traîné une vie misérable assez rapprochée de celle de la brute. Ce n'est que peu à peu, lentement, péniblement, qu'il est parvenu à se soustraire, à cette matière qui l'étreignait d'un soin jaloux, qu'il lui a été possible enfin de la dominer, lorsque est survenue l'heure des civilisations successives.

LES VÉDAS

A l'époque où nous sommes arrivés, nous n'avons d'autres documents pour nous guider en ce qui concerne les Indous du premier âge, que les *Védas*, recueil d'hymnes religieux écrit dans un idiome qui a précédé le sanscrit, langue la plus parfaite du globe, et surnommée par les Brahmes, la langue des *Devas* ou des dieux. Les Védas, venant d'un vocable sanscrit, signifiant le savoir, la connaissance, la science en un mot, forment un ensemble d'œuvres religieuses reconnues par tous les Indous, comme le texte sacré par excellence. De nos jours encore, il est resté la base du culte brahmanique.

Les Védas comportent quatre parties ou livres distincts : le Rig, le Sama, l'Yadjour, et l'Atharva-Véda.

1°. Le Rig-Véda le plus ancien et le plus vénéré de tous, auquel on a donné souvent le nom unique de Véda ; seul document historique et littéraire que nous ont conservé les traditions du culte et de la famille dans la période primitive des Indous. — D'après Burnouf, le Rig-Véda remonte à dix-sept siècles avant notre ère, et beaucoup plus haut si l'on tient compte de la tradition orale, période sans cesse mentionnée dans les hymnes.

2° et 3°. Le Yadjour et le Sama-Véda, tous deux contenant le rituel ou cérémonies du culte sacerdotal : période d'organisation, dont la plus haute expression nous est fournie par le code de Manou.

4°. Enfin l'Atharva-Véda, qui manque absolument de valeur au point de vue philosophique et littéraire, recueil touffu et sans ordre, indiquant la fin de la forte et intelligente organisation brahmanique. En effet, ce qui existait de beau, de bon et d'utile dans les idées cosmologiques du Rig-Véda avait fait place aux superstitions les plus éhontées. Les enseignements semaient la haine, la division entre les

classes de la société. La pureté, la clarté rayon-
nante de la première ère védique étaient rem-
placées par les ténèbres d'un mysticisme
presque incompréhensible. La décadence était
proche, et annonçait déjà la venue des réforma-
mateurs futurs : Kapila et Cakya-Mouni. L'un,
opposant sa philosophie rationnelle à l'absor-
bante orthodoxie brahmanique; l'autre, prêchant
l'abolition des castes au nom de l'égalité de la
douleur et de la misère humaine. — L'authenticité des Védas n'est pas douteuse, de même que
leur antiquité. Colebrooke l'a établi d'une façon
péremptoire. Ils furent compilés et recueillis
par Dwaipa Yana, surnommé pour cette raison
Vyasa ou le compilateur.

Ces quatre divisions des Védas ne furent pas
composées d'un seul coup. — Si nous prenons
le Rig-Véda pour exemple, il n'est pas douteux
qu'il fut l'œuvre de plusieurs poètes dont les
chants furent composés après de longs siècles
d'attente. D'abord oraux, ces chants s'appre-
naient par cœur, (n'en fut-il pas ainsi pour les
enseignements des Druides, ces instructeurs de
la vieille Gaule ?) ce ne fut qu'après une très

longue période écoulée, qu'on sentit le besoin
de les transcrire par écrit, afin d'en former un
tout harmonieux. Malheureusement, les trans-
cripteurs n'ont pas réussi dans leur plan.
L'ordre chronologique est défectueux, le classement des hymnes est arbitraire, à tel point
qu'il est facile de reconnaître dès la première
des huit sections du Rig, qu'il s'y rencontre des
hymnes de tous les âges. Ce désordre apparent
avait peut-être un but ; coordonné par les
Brahmes, leur dessein fut sans doute de faire
accorder les anciennes prières du Rig avec le
nouveau culte intronisé par eux, afin de ména-
ger la transition, et de ne pas heurter de front
les traditions vénérées d'un passé séculaire.

Quoi qu'il en soit, de l'étude comparée du
Rig avec les dernières productions brahmaniques antiques, il ressort que le premier culte
des Indous différait essentiellement de celui qui
leur fut plus tard imposé par la classe sacerdotale.

Le culte primitif des Indous, reproduit par le
Rig, et pourquoi ne pas le dire ici, le premier
culte des humains, fut et devait être celui du

soleil. Cela ne pouvait être autrement. Ce culte s'explique par la communauté de sentiments et d'impressions, identiques chez tous les hommes. En effet, le culte du soleil forme la base de presque toutes les religions.

Que l'on se représente par la pensée l'apparition de l'homme sur la terre. En ces temps lointains, trop lointains même pour qu'on puisse les supputer, le phénomène le plus apparent qui se manifestait journellement aux yeux étonnés de l'homme, n'était-il pas l'apparition et la disparition alternatives du soleil, apparaissant dès l'aube, à son lever, expression consacrée, et disparaissant le soir, à son coucher?

A la lumière éblouissante de l'astre radieux projetant dans l'espace ses rayons bienfaisants, l'homme ressentit les effets de la chaleur, premier phénomène; puis la nuit succédant au jour, second phénomène, il se vit plongé dans les ténèbres. Lumière, ténèbres, furent donc pour lui la première idée sur laquelle son esprit eut à travailler; quoi de plus rationnel alors que devant ce phénomène constant se représentant chaque jour, il en soit arrivé à l'adorer, comme le père nourricier de la Nature, à laquelle il apportait la force, la vie !

C'est ce qui eut lieu chez les premières peuplades de l'Inde, à l'époque reculée où les hommes n'avaient point découvert le moyen d'obtenir le feu.

L'origine de cette découverte merveilleuse, la plus importante qui fut jamais, fut pour l'humanité le point de départ de toutes les autres, la source de l'industrie, des arts et de la civilisation. Sans elle, l'homme n'aurait jamais pu s'élever au-dessus de l'animalité. C'est à elle qu'il lui fut permis de résister à l'intempérie des saisons, de préparer la cuisson de ses aliments, de se préserver, la nuit, contre les attaques des bêtes féroces et des reptiles, de fabriquer des poteries d'argile, cuits au feu pour ses besoins journaliers ; puis plus tard, de préparer le bronze et le fer. Alors maître de lui-même, armé pour la lutte contre ses ennemis de toutes sortes, il put marcher à la conquête du monde.

Cette découverte mémorable de la production du feu devait être le salut de l'humanité ; aussi a-t-elle produit une impression ineffaçable à travers les âges. Le souvenir en a été conservé pieusement, et des mythes nombreux en gardèrent le souvenir. Parmi les peuples de race Arienne, le mythe de Prométhée est devenu légendaire. — Puni pour avoir dérobé le feu du ciel, Prométhée fut étendu en croix sur le Caucase, cloué sur l'instrument qui lui avait servi à commettre son larcin. Effet sans doute du hasard, d'un cas fortuit, de l'embrasement d'une forêt ou d'herbes sèches produit par la foudre, ou bien encore du frottement de deux bâtons de bois glissant l'un sur l'autre ; depuis ce moment, l'homme s'est toujours ingénié à conserver le feu. De là à lui offrir un culte, il n'y avait qu'un pas ; et c'est ce qui eut lieu en effet. Témoin le culte de Zoroastre chez les Iraniens, le culte du soleil chez les Atzèques, où dans le temple, le feu devait toujours être entretenu sous peine de mort.

Depuis des siècles et des siècles, l'humanité n'a cessé de vénérer comme un signe mystérieux et divin, l'image de l'instrument d'où l'homme avait vu jaillir le feu pour la première fois.

Dès les temps préhistoriques, dans la période qui a précédé l'âge de fer, ne voit-on pas ce signe sacré gravé sur les monuments mégalithiques et sur les tombeaux, durant le parcours des émigrations des tribus de race arienne ? C'est un fait avéré.

Ce même signe sacré se trouve ensuite reproduit sous forme de deux barres transversales terminées à chaque extrémité par un crochet. C'est le Swastika ou croix gammée, perfectionnement apporté à l'instrument primitif. Le Swastika se compose de deux bâtons, dont les extrémités sont recourbées pour être retenues avec quatre clous. Au point de jonction, dans une petite cavité pratiquée dans le bâton supérieur, on plaçait un morceau de bois en forme de cône qu'une lanière enroulée permettait de faire tourner rapidement par un jeu d'archet, jusqu'à ce que l'étincelle vint à jaillir.

Ces procédés primitifs, ayant pour but d'obtenir le feu, ont donné lieu à une foule de mythes et de légendes ingénieuses variant selon l'imagination des peuples qui les créaient. Mais le plus remarquable entre tous, c'est véritablement le mythe arien. En effet, ayant combiné le culte du soleil avec celui du feu, par cela même, ce dernier mythe offre, par son caractère scientifique, une grande supériorité sur tous les autres. Et chose particulière qu'il s'agit de faire remarquer, car elle est d'importance, plus de trois mille ans avant notre ère, du fait que le feu, Agni se dégage du foyer même du soleil et n'est que la diffusion de sa propre substance, les Arias, nos ancêtres, ont pressenti et pour ainsi dire deviné le grand phénomène récemment établi et mis en lumière par la science, de l'accumulation de la chaleur solaire dans les plantes, qui n'est autre chose que le dégagement à une certaine température et sous l'action de l'air, de la chaleur solaire accumulée à l'état potentiel.

En effet, quel est le rôle du soleil dans l'économie générale de la nature, selon les dernières données de la science ? Le soleil entretient la vie des animaux, directement par ses rayons, indirectement, par les aliments qu'ils absorbent et dont la combustion est déterminée par l'air qu'ils respirent. D'où il résulte par voie de conséquence, que le *soleil* est le *père* du feu, qui lui est consubstantiel, en langage métaphysique, et qui est engendré par le mouvement de l'air, dont le souffle (*l'esprit*), pénètre tous les êtres qui respirent et y entretient la vie par la combustion. C'est l'explication du rôle et de l'action de chacun de ces trois éléments, le soleil, le feu et l'air, personnifiés dans le Rig-Véda, sous les noms imaginaires de Savîtri, Agni et Vayu, qui a constitué dans sa forme première, le mythe védique, autrement dit le mystère de la Sainte Trinité, resté un mystère impénétrable jusqu'au jour récent où la science en a révélé le secret.

Cette définition de la Trimourti indienne est développée tout au long dans un écrit remarquable de Mulvert, intitulé : *Science* et *Religion*.

La Trimourti de la première forme, car elle a changé de facteurs, de noms, selon les degrés de civilisation des peuples de source arienne, nous est représentée dans le Rig-Véda, sous le voile d'une allégorie.

Agni (le feu) est le fils incarné de *Savîtri*, le père céleste (le soleil). Il a été conçu et enfanté par la vierge *Maya*, et il a pour père terrestre

Twasti, le charpentier, celui qui fabrique le Swastika. C'est dans la cavité de celui des deux bâtons, appelée la mère, et où réside la divine Maya, personnification de la puissance productrice, qu'il a été conçu par l'opération de *Vayu*, l'esprit, le souffle de l'air sans lequel le feu ne saurait s'allumer.

N'est-il pas intéressant, à ce propos, de comparer ce mythe des premiers Arias, nos ancêtres, avec le *Credo* adopté par l'église romaine ? Qu'on en juge :

« Je crois en Dieu, le père Tout-Puissant (*Savîtri*), créateur du ciel et de la terre, — et en Jésus-Christ, son fils unique, lumière de lumière (*Agni*), qui n'a pas été créé, mais engendré consubstantiel au père, — qui a été conçu et est né dans le sein de la Vierge Marie (*Maya*), par l'opération du Saint-Esprit. — Je crois au Saint-Esprit qui ranime la vie (*Vayu*), qui procède du père et du fils, qui est adoré et glorifié avec le père et le fils. »

L'identité n'est-elle pas frappante ; les noms seuls ont changé.

Ce n'est qu'une allégorie faite à plaisir, dira-t-on. Mais qu'importe, puisque le mot Dieu substitué à Savitri, quoique possédant un sens abstrait, ne peut exprimer autre chose que ce qu'il exprime sous son sens originel, c'est-à-dire, conformément à sa racine sanscrite, *devas*, le brillant. D'accord en cela avec Anatole France, nous dirons avec lui : « Toute expression d'une idée abstraite ne saurait être qu'une allégorie. Tout mot est l'image d'une image, le signe d'une illusion, pas autre chose. C'est avec les restes effacés et dénaturés d'images antiques et d'illusions grossières qu'on représente l'abstrait. »

CULTE VÉDIQUE DU FEU

« D'après le culte védique, on célébrait chaque année la naissance d'*Agni* (le feu), qui était signalée astronomiquement par l'apparition d'une étoile. Dès que l'étoile revient au firmament, au solstice d'été, on annonce la bonne nouvelle au peuple qui vient adorer le nouveau né. Le feu est alors allumé sur un tertre par le frottement du Swastika. Quand la première étincelle jaillit de la cavité où réside la divine

Maya, c'est la nativité. Cette étincelle vivante s'appelle le petit enfant. » Le Rig-Véda célèbre dans des hymnes d'une poésie délicieuse, la naissance de « la frêle et divine créature qui vient d'apparaître. Ce petit enfant est déposé sur la paille qui s'enflamme par l'officiant, par le père de famille, dans les premiers temps du védisme (il n'y avait ni prêtres, ni rois alors), puis plus tard, à l'âge brahmanique, par le préposé sacerdotal. — A côté de lui, on amène la vache mystique qui a fourni le beurre, et l'âne qui a porté sur son dos le *Soma* (liqueur spiritueuse), qui vont servir à l'alimentation. Puis devant lui, l'officiant, tenant à la main un petit éventail oriental sous forme de drapeau, l'agite pour activer cette vie qui menace de s'éteindre.

Il est ensuite porté sur des branches amassées sur l'autel.

Là, l'officiant verse sur lui la liqueur sacrée, le spiritueux Soma, un autre lui donne l'onction en répandant sur lui le beurre du saint sacrifice. A partir de ce moment, Agni prend le nom de Oint (*Akta*; en grec *Christnos*,

Christ). Du foyer ainsi alimenté surgit la flamme aux belles clartés dont l'ascension s'opère au sein d'un nuage de fumée jusqu'au ciel, où le feu va rejoindre le Père céleste qui l'a envoyé pour le salut du monde. (E. Burnouf. *La science des religions.*)

ORIGINE DE L'EUCHARISTIE

Le Soma était la liqueur sacrée chez tous les peuples Ariens, ainsi que cela a été constaté par tous les Orientalistes. Agni réside en elle, quoique toujours invisible. Elle est l'emblème de tous les aliments liquides, de même que les aliments solides sont représentés par le pain, composé de farine et de beurre, matières nutritives et combustibles, dans lesquelles réside Agni.

L'offrande du pain et du vin est présentée au feu sacré sur l'autel. Le feu les consume et les élève en vapeur vers le ciel où elles vont se réunir au corps glorieux du Père céleste (le soleil). Agni devient aussi le médiateur de l'offrande, le sacrificateur qui s'offre lui-même comme victime. Les officiants et les fidèles reçoivent chacun une part de l'offrande (*l'hostie*) et la mangent comme un aliment dans lequel Agni est renfermé.

Enfin, Agni étant la vie dans l'individu, est aussi le médiateur qui transmet la vie. Quand un homme meurt, le feu de la vie se retire de lui et laisse en terre son corps pour retourner au soleil, c'est-à-dire dans la région céleste où règne le Père, qui est le paradis, le *paradeça* des Médo-Perses, le séjour de l'immortalité.

Nous n'avons pas besoin d'insister pour appeler l'attention sur ce magistral exposé de la doctrine védique du feu. (Voir E. Burnouf, *La science des religions.*)

L'antique Trimourti, composée du soleil (Savitri, le Père céleste), du feu (Agni) fils et incarnation du soleil et de (Vayu) le souffle de l'air, est restée, avons-nous dit déjà, le dogme fondamental des religions d'origine arienne.

Le souffle de l'air étant le signe de la vie, c'est le souffle de Dieu qui, dans la Genèse, couvre les eaux et les féconde. C'est lui que Jéhovah souffla dans les narines d'Adam pour lui donner la vie; c'est le même souffle qui féconda la Vierge Marie; c'est en soufflant sur les apôtres que Jésus leur communiqua l'Esprit-Saint. (V. S. Jean, XX, 220.)

Quel était le but de ce mythe ? Celui de conserver précieusement, en en faisant l'objet d'un culte, le souvenir d'une découverte devenue le point de départ de la civilisation dans l'humanité ; conception d'autant plus belle, qu'elle contient l'explication scientifique de l'un des phénomènes les plus importants de la nature.

PANTHÉON VÉDIQUE

Dans les Védas, trois inspirations se font entrevoir. La première, celle des Arias primitifs, originale dans sa forme, unitaire dans sa théogonie, simple dans ses vues, la plus ancienne, la plus pure, ne s'adresse qu'aux phénomènes les plus sensibles de la nature : le feu, l'éther, le soleil. C'est le naturalisme simple et clair dans ses manifestations, convergeant déjà vers l'unité de Dieu. La deuxième commence à être plus raisonneuse, cherche à fixer les attributs des forces de la nature, augmente le nombre des phénomènes en les subdivisant, toute force étant une émanation du pouvoir divin, et s'acheminant ainsi vers le polythéisme.

La troisième inspiration est obscure à force d'explications nuageuses, inintelligibles, remplie d'abstractions, s'enfonçant de symboles en symboles dans le vide d'un panthéisme insondable (voir Langlois). C'est alors que le Brahmanisme peut venir, l'heure est mûre pour les âmes vacillantes, de tomber sous le joug abrutissant du sacerdoce. Que l'on est éloigné de la période primitive du Rig-Véda, où l'on ne croyait qu'à une suprématie céleste manifestée dans des phénomènes observés de tous! Le premier dieu dans le Rig est Agni, cela n'est pas douteux, d'après l'exposé que nous avons présenté plus haut; Agni, le fils du Soleil, invoqué sous le nom de Sourya, l'un des bienfaiteurs les plus manifestes de l'humanité. Puis survient un compétiteur datant de l'époque brahmanique, Indra, rival d'Agni, contrebalançant son pouvoir. Le Dieu pur, chéri des Brahmes, Agni, le dieu antique de la tradition, est mis en regard du dieu de prédilection des guerriers. Cela est si vrai, que n'osant contrecarrer trop ouvertement la tradition védique, Langlois fait remarquer avec raison, nous croyons, que le Rig-Véda commençant par un hymne à Agni et finissant par un hymne au même Agni, ce fait dénote l'intention de relier le nouveau culte avec l'ancien.

Poursuivons. Pour l'Aria primitif, l'atmosphère lui est favorable, par ses pluies fécondes, il la bénira sous le nom d'Indra, — La voûte céleste attire ses regards avec ses champs de diamants, ce sera pour lui *Varouna*.

La nature terrestre, avec ses tableaux divers qui l'enchantent, il l'invoquera sous le nom de *Prisni*. Puis ce sera le vent de la montagne, pour lui le tyran qui, dans son courroux, dévaste tout ce qu'il peut atteindre dans la nature; il lui adressera ses invocations intéressées sous le nom de *Roudra*. — Ainsi énumérera-t-il tous les phénomènes qui l'auront frappé; tantôt, il les individualisera; tantôt il leur donnera un nom générique : *Devas* ou esprits lumineux.

Et plus tard encore, l'Aria abandonnant la pensée pure et instinctive qui l'avait guidé, dévié du sabéisme ingénieux et poétique qui avait succédé au monothéisme, vers un polythéisme universel, il se soumet à l'interprétation des dépositaires de la tradition (les Brahmes), ces derniers lui apparaissant comme seuls intermédiaires entre la Divinité et l'homme. Dès lors, les Brahmes compliquent le rituel, comme à plaisir, créent les castes, édictent des lois ; la foule condamnée à une inégalité infranchissable, se trouve en outre vouée à une ignorance absolue, irrémédiable, par l'interdiction même de la lecture des livres sacrés.

Avant la domination brahmanique, à l'époque héroïque où l'Aria, plein d'ardeur, plein de foi dans l'avenir, s'avançait en chantant ses hymnes, à la rencontre des Dyasus maudits par lui ; de ces hommes noirs et jaunes qu'il rencontrait sans cesse sur la route sanglante qu'il se frayait en combattant. A cette époque de glorieuse mémoire, où l'Aria par ses émigrations à travers le monde, déposait en tous lieux le germe d'Agni, le feu céleste spirituel, source vivifiante du spiritualisme unitaire de l'avenir, son culte était des plus simples : pas de temple, pas de sanctuaire, une enceinte en plein air, un tertre comme autel, où les Devas (Dieux) et les Mânes étaient évoqués ; pour le sacrifice, un foyer, où le père de famille officiait au milieu des siens.

Le temps n'était point encore arrivé où le Soma, la liqueur sacrée offerte en sacrifice avec les gâteaux de miel, devait être traité de divinité, de même que le mortier et le pilon. Dépassant l'absurde, abêti par les Brahmes, l'Aria en viendra à invoquer les grenouilles, et les dés deviendront des Dieux !

Dans cet olympe étrange, le bien et le mal, les phénomènes naturels, la moralité, au même titre que les passions, se trouveront classés, étiquetés et remplaceront, hélas! la voûte céleste et pure où nos ancêtres plaçaient le principe de vie symbolisé par Agni, le divin fils de Sourya (le soleil).

Ce principe de vie, indépendant de toute manifestation particulière était représenté dans la doctrine védique du monothéisme primitif par la théorie des *Asuras* (ce qui produit la vie).

Qu'étaient les *Asuras* dans le panthéon védique ? Des corps éblouissants de lumière, messagers ailés spirituels, doués de mouvement, répandus partout, immortels, et source de la vie. L'idée métaphysique d'une unité suprême devait naître de cette théorie ; car l'Aria, par tendance naturelle de son esprit droit, par l'exercice constant de ses facultés qui le portent à la synthèse, devait promptement arriver à cette conception par *Valk*, la sainte parole, symbolisant les puissances diverses de la nature, d'où plus tard le Brahmanisme philosophique devait faire sortir le *logos*.

Le Polythéisme est contenu dans le Rig-Véda, ce n'est pas douteux, mais un polythéisme particulier qui se contracte de plus en plus, avec une arrière-pensée toujours en travail, en recherche d'un rêve aspirant à l'unité d'un principe suprême. L'Aria recherchait le Dieu unique, mais tout d'abord, au lieu de le placer en dehors de la nature, il l'a placé au dedans : tel est le panthéisme.

Existe-t-il une époque antérieure au Rig-Véda?

Tout le fait présumer, si l'on tient compte des Manous successifs et des douze prophètes qui ont précédé zerdoust ou zoroastre. Voir le Décatir à ce sujet et les travaux de Lassen, Oppert, Obry qui ont cherché à déterminer la géographie, même le langage de ce berceau de l'Occident, surnommé par eux, l'Ariana.

En résumé, l'âge le plus éloigné de nous où les Arias commencent à balbutier les premiers rudiments de la vie et l'unité divine d'Agni, est bien antérieur au culte d'Indra, plus encore à celui de Brahma auquel les préposés au Sacerdoce attachèrent leur nom (les Brahmes), afin de bien préciser la nouvelle direction donnée au culte et au dogme. Puis survinrent les richis, les poètes sacrés chantant dans la langue ancienne les bienfaits de l'Etre tout-puissant, cherchant à expliquer l'animation de la matière en mouvement. — De leur entrée en scène, dans le grand travail de préparation religieuse opéré dans ces contrées, date la séparation des Brahmes, de l'Arianisme proprement dit, et la théologie naquit avec ses conceptions multiples et transcendantales.

CHAPITRE XIII

Principes contenus dans le Rig-Véda. Philosophie.

Dans leurs méditations solitaires, les Arias, avant leur séparation du nouveau culte, et ainsi qu'il ressort des hymnes du Rig-Véda se représentaient le principe du monde visible comme inhèrent au mouvement qui donne la vie, et par la vie, dont les formes diverses naissent, croissent, se renouvellent, disparaissent pour renaître encore dans des courbes infinies.

D'où la conception d'un principe de vie unique et général, indépendant des individus de toutes les espèces, soit dans le règne végétal, soit dans le règne animal ; principe se divisant, se répandant en tous lieux dans l'univers. — Les Indous le désignèrent sous le nom d'Asoura, les Iraniens (les Perses d'aujourd'hui), sous le nom d'Ahoura, les Hébreux, sous le nom d'Aour ; et c'est, à n'en pas douter, de là qu'est venue l'éclosion du monothéisme primitif, d'après les considérations présentées par MM. Alfred Maury, Pavie, Eichoff, tandis que d'autres auteurs placent cette éclosion beaucoup plus tard.

Quoi qu'il en soit, ce principe des Asouras si cher aux Arias et qui, selon eux, donne l'explication du monde par l'intervention des Dieux, forme chez eux le fondement du culte des éléments et des mânes.

Tout le prouve, à la lecture attentive des hymnes du Rig-Véda, où l'on voit évoquer dans maints chapitres, le respect de la famille, des aïeux, culte qui, par suite des émigrations, s'est perpétué dans la religion des plus anciens grecs et des latins.

ORIGINE DE LA TRIMOURTI OU TRINITÉ

En dehors de l'Asoura, principe générateur de la pensée religieuse accompagnée de ses symboles, chez les Ariens primitifs, nous l'avons déjà fait remarquer, l'on rencontre dans les hymnes, la glorification très accusée, manifeste, de trois dieux principaux, éminents parmi les autres, auxquels l'Arien-Indou rend un culte tout particulier : Agni, le feu, Indra, l'éther et Sourya, le soleil. Suivent des dieux auxiliaires : Aditi, la nature indivise, — Varouna, le ciel étoilé, — Vayou, l'air, — les Marouts, les brises, — Aswins, le crépuscule, — Oouscha, l'aurore, — Prisni, la terre.

Il y avait comme un antagonisme, avons-nous dit, entre Agni, le dieu de la classe sacerdotale et Indra, le dieu de la classe des guerriers, antagonisme apparent plutôt que réel, non dans les actes, mais dans les attributs. Mais selon l'enseignement des Brahmes, Agni, devait finir par triompher de tous ses rivaux, et acquérir la toute-puissance. Cette lutte, selon Langlois, tend à se développer dans des chants divers qui, par leurs louanges graduées et progressives, tendent à attribuer à l'un ou à l'autre la souveraineté suprême, la création.

Langlois, le savant traducteur du Rig-Véda, caresse cette idée, la développe et donne comme appui de son hypothèse, d'un côté, la légende d'Indra, et de l'autre, celle d'Agni.

Quant à Sourya, il n'est pas besoin de s'appe-
santir sur l'importance qui devait lui être attribuée en ces temps primitifs. L'astre bienfaisant
qu'il représente se passe de tout commentaire ;
il est aussi clair dans sa cause qu'incontestable
dans ses effets.

Ce qui donne à Sourya un caractère à part
parmi les dieux, c'est que, plus que tout autre,
il se prête aux effets lyriques, étant le plus distinct, le plus évident, le plus actif de tous les
dieux ; le mieux en vue, pour ainsi dire.

Aussi les qualifications ne lui manquent pas
dans le Rig. Tour à tour, il est appelé, *Sourya*,
le resplendissant, et *Savîtri*, le Créateur ; *Pou-
chan*, le nourricier, et *Mitra* l'ami de tous ;
Bhaga, le fortuné, et *Aryman*, le puissant ;
puis enfin, *Vischnou*, le voyageur céleste.
Selon la légende, les Arias se figuraient Vischnou d'abord comme un nain qui apparait avec sa
grosse tête à l'horizon, croît avec la rapidité
vertigineuse d'un dieu, projette ses feux dans
l'infini, s'empare du ciel et le traverse en trois
pas. Pour eux, c'est le lever et le coucher.
Vischnou, c'est le soleil dans sa force, dans sa

puissance, dans sa domination, indépendamment de ses bienfaits et de ses œuvres. (V. Langlois.)

L'influence prêtée à Sourya dans les hymnes du Rig est telle, qu'Eug. Burnouf n'a pas hésité à présenter Indra comme le symbole de l'énergie atmosphérique du Soleil. (Voir à ce sujet le morceau si remarquable d'Eug. Burnouf, expliquant son idée à ce sujet dans son étude du Véda.)

LÉGENDE D'INDRA ET D'AGNI DANS LE RIG

Dès sa naissance, il est fort; dès qu'il combat, il est invulnérable. Une fois, pourtant, il a hésité, il a tremblé; c'est sans doute à la première bataille des éléments, à l'heure du cahos primitif; les nuages s'amoncelaient avec tant d'intensité, les ténèbres étaient si épaisses, l'horreur était si profonde, qu'Indra allait fléchir, lorsque Twachtri lui apporta la foudre. Or Twachtri, c'est *Agni*, c'est le feu qui est partout: dans l'atmosphère, par la foudre; dans le soleil, par les rayons; dans la terre, par la sève;

dans la créature, par la chaleur du sang. Mais sur l'autel, où il s'allume, l'homme semble communiquer directement avec lui ; il le crée par sa volonté, il le dégage du bois qui le contient, il l'alimente par le beurre, il le voit naitre, grandir, dominer, porter dans les airs la flamme, et la prière dans les Cieux. Aussi, voyez comme il l'aime, **comme** il l'invoque, comme il le loue : c'est l'intermédiaire tout-puissant, c'est le recours éternel, c'est le bienfaiteur immuable.

Immense comme le monde, il se fera petit pour consumer l'holocauste ; brûlant comme le soleil, il se fait tiède pour entrer dans le cœur de l'homme, sa langue dévore tout ce qu'elle touche ; mais réchauffe tout ce qu'elle épargne.

Il est le principe vivifiant par excellence, infini comme l'univers et subdivisé comme l'étincelle. C'est à la fois le plus fort et le plus utile des éléments ; le plus à la portée de l'homme, le plus directement applicable.

Après cet exposé magistral du rôle d'Agni dans l'univers, exposé tout entier extrait du Rig-Véda Langlois ne saurait se tromper, lorsqu'il persiste, dit-il à croire qu'Agni est la première manifestation de Dieu pour les Arias, et l'attribut céleste le plus incontestable.

Nous n'en disconvenons point à la condition toutefois, ce que Langlois a omis de faire par mégarde sans doute, qu'il soit bien entendu que le Dieu manifesté, reconnu dans Agni, soit le Dieu panthéiste, c'est-à-dire le feu idéalisé. Chose d'importance, car ce n'est que beaucoup plus tard, ainsi que nous le démontrerons plus loin, que du culte d'Agni et de Savitri devait sortir le Dieu d'abord neutre des Brahmes, inconscient, puis enfin, le pur esprit devenu le Dieu personnel d'Israël, et le Dieu universel des Chrétiens.

Le Rig-Veda, monument historique incontestable et véritable chef-d'œuvre hors ligne, tant par l'importance des sujets traités que par la poésie de ses compositions, a été une œuvre de longue haleine à laquelle ont coopéré un grand nombre de collaborateurs. Les nombrer tous serait presque impossible, qu'il nous suffise de présenter au lecteur les noms des plus célèbres parmi ceux auxquels ces hymnes ont été attribués.

Chacun d'eux s'attachait à glorifier son dieu de prédilection. Gritsamada et Viswamitra se sont attachés à chanter la force, la puissance d'Indra ; Gotama, avec une grâce si délicate, les couleurs variées de l'aurore ; Vamadiva et Vasichta sont demeurés les chantres d'Agni. Soumahsépa ne se lasse pas de décrire les transformations du Dieu qui a produit les espèces célestes de la nuit et du jour. Quant à Hirany-astoupa, il se complait à chanter Savitri, le soleil vivifiant, sa grandeur et sa puissance.

Canwa et Gotama excellent à représenter les marouts, qui dispersent, ébranlent, fendent les nuages et les font tomber en pluies bienfaisantes.

Parmi tous les poëtes, citons surtout Viswamitra, Vamadiva, Dirghâtamas et Vasichta, parmi lesquels brille d'un éclat sans pareil Dirghâtamas, le poëte, le penseur le plus hardi, le plus brillant de la pléiade, la plus grande figure du Védisme.

Maintenant que nous croyons en avoir terminé avec l'exposé des bases fondamentales du Védisme, il ne nous reste plus qu'à conclure par une leçon de choses, par la transcription de quelques hymnes, dans lesquels la doctrine se trouve en quelque sorte confirmée.

HYMNES DIVERS

A *Agni* (par Vamadéva.) « Le monde entier existe par toi ; le flot suave de tes splendeurs coule au vase des libations, dans le cœur de l'homme, dans toute la vie, dans les eaux comme dans le foyer... »

A *Agni* (par Baradwajâ.) Son essence active existe dans tous les êtres animés ; tous les Devas, d'un commun accord, se rallient ensemble à ce Dieu puissant. Quand je pense que cet être lumineux est dans mon cœur, les oreilles me tintent, mon œil se trouble, mon âme s'égare en son incertitude. Que dois-je dire ! Que puis-je penser?... »

Dirghâtamas, dans son poème dithyrambique, adressé aux Viewadevas (à tous les Dieux), après avoir raconté dans un style magnifique le système du monde, c'est-à-dire l'ordre des phénomènes de la nature, problème redoutable

que seul entre tous, jusqu'alors, il avait osé
entreprendre ; après des pages magistrales de-
vançant son époque et presque modernes par la
hauteur des vues, côtoie de bien près l'unité
de Dieu ; il la soupçonne, encore un pas et il
atteindra le but cherché par lui.

GRAND HYMNE DE DIRGHÂTAMAS

En premier lieu, Dirghâtamas fait une invocation à Agni, le Dieu dont la présence se révèle
partout dans l'univers ; il lui donne deux frères,
le feu céleste, la foudre et le feu du soleil, le
rayon. — Ensuite, passant à l'explication des
sept couleurs de l'arc-en-ciel, il cherche à démontrer, par les vertus accordées au nombre
fatidique sept, qu'elles concordent aux sept rênes
fournies à la direction d'un char qui n'aurait
qu'une roue (voir Ézéchiel).

Puis se reprenant, et laissant de côté sa démonstration, il s'écrie tout à coup, comme
transporté par une vision d'en haut de l'unité
divine : « Qui a vu à sa naissance Agni
prendre un corps pour en donner à ce qui n'en

a pas? Où était l'esprit, le sang, l'âme de la terre? Qui s'est rapproché de ce sage pour lui faire cette question? Faible et ignorant, je veux sonder ces mystères divins... Je te demande où est le commencement de la terre, où est le centre du monde; je te demande ce que c'est que la semence du coursier fécond; je te demande quel est le premier patron de la parole? Cette enceinte sacrée est le commencement de la terre, et ce sacrifice est le centre du monde. Ce Sôma est la semence du coursier fécond. Ce prêtre est le premier patron de la parole. Je ne sais à qui ressemble ce monde. Je suis embarrassé et je suis comme enchaîné dans ma pensée. — *L'immortel est dans le berceau du Mortel;* les deux éternels vont et viennent partout; seulement l'on connait l'un sans connaître l'autre... Celui qui ne connait pas l'Etre ne connaîtra rien à cet hymne; ceux qui le connaissent ne sont pas étrangers à cette réunion... L'esprit divin qui circule au ciel on l'appelle Indra, Mitra, Varuna, Agni; les sages donnent à l'être unique plus d'un nom : c'est Agni, Yama, Mataricvan. »

Qui donc, après la lecture attentive de cet hymne célèbre entre tous, pourra douter que le Védisme ait conçu l'idée d'un Dieu unique. Cette conception n'est point encore dégagée d'autres dieux, ou plutôt d'autres formes appellatives du même Dieu, l'époque avance à grands pas où la dernière étape sera franchie.

Mais poursuivons. — *Hymne* à *Pradjapati* sur l'origine du monde (Section IV du Rig-Véda). « Rien n'existait alors, ni ce qui est, ni ce qui n'est pas. Point de région supérieure, point d'air, point de ciel. Où était cette enveloppe ? Dans quel bassin l'eau était-elle contenue ? Où étaient ces profondeurs impénétrables de l'espace ? Il n'y avait point de mort, point d'immortalité. Rien n'annonçait le jour ni la nuit. *Lui* seul respirait, ne formant aucun souffle, renfermé en lui-même. Il n'existait que *lui*. Au commencement, les ténèbres étaient enveloppées de ténèbres ; l'eau était sans impulsion ; tout était confondu. L'*Être* reposait au sein de ce chaos, et ce grand tout naquit par la force de sa piété. Au commencement, l'amour fut en lui, et de son intelligence jaillit la première semence. Les sages, par le travail de l'intelligence, parvinrent à former l'union de l'être et du non-être... Qui connaît ces choses ? Qui peut les dire ? D'où viennent les êtres ? Quelle est cette production ? Les dieux aussi ont été produits par *Lui* ? Mais *Lui*, qui sait comment il existe ? Celui qui est le premier auteur de cette création la soutient. Et quel autre que lui pourrait le faire ? Celui qui du haut du ciel a les yeux sur tout le *Monde*, le connaît seul. Quel autre aurait cette science ? »

Autre hymne à la glorification *d'un Dieu unique*.

« *Lui* qui donne la vie, lui qui donne la force, dont tous les dieux révèrent les commandements, dont l'ombre est l'immortalité, dont l'ombre est la mort, quel est le Dieu que nous honorons avec des sacrifices ? *Lui*, par qui existent ces montagnes de neige, et la mer avec la rivière lointaine, *Lui* qui a pour bras les régions du ciel, quel est le Dieu que nous honorons avec des sacrifices ? *Lui*, par qui l'espace est brillant et la terre solide, par qui fut établi le ciel, même le ciel le plus haut, lui qui a mesuré les espaces de l'éther, quel est le Dieu que nous honorons avec des sacrifices? *Lui*, qui par sa puissance promenait les yeux au-dessus même des eaux qui donnent le pouvoir et engendrent le feu du Sacrifice; *Lui qui seul est Dieu*, au-dessus de tous les dieux, quel est le Dieu que nous honorons avec des sacrifices ? » (Rig-Véda, section X.)

Après cette affirmation définitive de l'unité de Dieu contenue dans le Rig-Véda, qui clôt l'ère védique, le terrain était tout préparé pour le Brahmanisme, il pouvait venir et développer en toute liberté cette unité divine et la poser comme base fondamentale du panthéisme, enseigné dans les temples de l'Inde.

C'est ce qui est prouvé par l'Isa-Oupanischad, suivant extrait du Yadjour-Véda. Et on le sait, dans le classement des livres sacrés, le Yadjour-Véda suivait immédiatement le Rig-Véda, et de plus, les Oupanischads servaient de commentaires aux livres sacrés, en étaient la consécration.

Dans cet oupanischad dont nous allons donner le texte, et où le poète insiste sur l'énergie de l'*Etre ordonnateur*, et qui date de la première époque brahmanique, celle des grands et vertueux richis et du premier Manou, où le dogme et le culte brahmaniques allaient être définitivement codifiés ; où la théorie allait bientôt régner en maîtresse absolue enlaçant toutes les consciences, communiquant toutes les raisons, brisant les obstacles et imposant ses lois aux populations soumises et annihilées désormais, il semble que le Védisme qui disparaissait, laissa comme héritage, à ses successeurs, le sentiment épuré et sublime qui l'avait inspiré (1).

Qu'on en juge dans les pages suivantes, résumé des doctrines védiques qui seront plus tard développées dans les écoles philosophiques de l'Inde.

« Cet univers et tout ce qui se tient dans cet univers est rempli par l'énergie de l'Etre ordonnateur ; c'est pourquoi, dégagé des choses terrestres, conserve son culte dans ton cœur,

(1) Tant il est vrai, selon les expressions de Villemain dans son étude sur Pindare que « La rencontre des mêmes notions dans l'homme, atteste l'identité des âmes et leur affinité naturelle avec la vérité divine. »

n'entretiens pas de convoitise pour la propriété de personne. Que l'homme pour accomplir ses œuvres désire vivre un siècle, car dans toi, ô homme, excepté ces œuvres, il n'est rien qui ne soit atteint de souillure. Ils s'en vont dans les lieux sans soleil, enveloppés d'une aveugle obscurité, ceux qui se suicident eux-mêmes en se livrant aux plaisirs terrestres. L'*Être suprême unique* (Samk-Elam, l'unité) ne se meut point, quoiqu'il soit plus rapide que la pensée, car les dieux mêmes ne peuvent l'atteindre. *Il* ne peut être perçu par les organes primitifs de la sensation (les organes matériels ou externes). *Il* dépasse même immensément les autres organes rapides de l'Intelligence (les organes spirituels ou internes.) *Il* demeure immobile et pendant ce temps, après avoir mesuré l'étendue de l'espace, *Il* établit le système des mondes ! *Il* se meut, *Il* ne se meut pas. *Il* est éloigné, *Il* est près. *Il* est dans tout, *Il* est hors de tout ! Celui qui voit tous les êtres dans l'Ame ou l'Esprit suprême, et l'Ame suprême dans tous les êtres, celui-là n'aura de mépris pour rien. Celui qui a reconnu que les êtres sont dans l'Ame univer-

selle, alors qu'y a-t-il d'insensé , qu'y a-t-il de
triste à découvrir l'Unité, l'identité des choses?
Lui enveloppe et pénètre tout ; *il* est sans corps,
sans aspérités, sans souillure ; *il* est pur, inac-
cessible au péché, parfait, sachant tout ; le grand
poëte ; le grand prophète plein de savoir et
d'inspiration, présent partout, *existant par lui-
même*, qui a assigné à chacun selon ses mérites, le prix de ses œuvres dans la succession
éternelle des temps. Ils s'en vont dans d'épaisses
ténèbres, ceux qu'adorent l'*ignorance*, et ils
vont dans des ténèbres plus épaisses, encore
ceux qui possèdent la *Science*. Ils ont dit (les
Sages), que la conséquence de la science ou
connaissance est une, et ils ont dit que la conséquence de l'ignorance est autre ; c'est ce que
nous avons appris aux enseignements des Sages
qui nous ont transmis cette doctrine. Celui qui
est instruit de ces deux choses ensemble, la
science et l'ignorance, après avoir surmonté la
mort par l'ignorance, obtient l'immortalité par
la science. — Ils s'en vont dans d'épaisses ténèbres, ceux qui adorent la nature incréée ;
mais ils s'en vont dans des ténèbres encore plus

épaisses, ceux qui se complaisent dans la nature créée et périssable. Il ont dit (les Sages) que la conséquence de la nature périssable est une, et que la conséquence de la nature impérissable est autre. C'est ce que nous avons appris aux enseignements des juges qui nous ont transmis cette doctrine. Celui qui est instruit de ces deux choses ensemble, la matière périssable et la dissolution, après avoir surmonté la mort par la dissolution, obtient l'immortalité par la nature incréée. Le visage de la vérité est couvert par des voiles d'or épais et prestigieux. O soleil ! nourricier du monde, dévoile la vérité à mes regards, afin que moi, ton fidèle adorateur, je puisse voir le soleil de la justice et de la vérité. O soleil, nourricier du monde ! solitaire anacho-rète ! dominateur et régulateur suprême ! Fils de Pradjapati, écarte tes rayons éblouissants ; retiens ton éclatante lumière, afin que je puisse contempler ta forme ravissante et devenir partie de l'être divin qui se meut dans toi ! Puisse mon souffle de vie, être absorbé dans l'âme universelle et moléculaire de l'espace ! Que ce corps matériel et périssable soit réduit en cendres ! O Dieu ! souviens-toi de mes sacrifices, souviens-toi de mes œuvres. O Agni, conduis-nous par le droit chemin, à la récompense de nos œuvres ! O Dieu! tu connais toutes nos actions, efface nos péchés! Nous t'offrons le plus haut tribut de nos louanges ! Notre dernière salutation. » (V. Pauthier, *Livres sacrés de l'Orient*.)

Quel magnifique langage ! Quels sublimes enseignements ! Les modernes n'ont rien conçu de plus élevé dans leur philosophie.

LE SACRIFICE DU CHEVAL OU L'AGWAMÉDA

Ce sacrifice sanglant dénote la transformation définitive du Védisme ; le Brahmanisme est fondé. Sorti du foyer domestique où le père de famille officiait entouré des siens, de privé qu'il était, le culte devint public et devint national, par l'agrégation successive de la famille en tribu, de la tribu en peuplade ; et enfin de la peuplade en corps de nation, ne reconnaissant qu'un culte, qu'un dogme, qu'une loi.

En effet, la tribu s'étant régularisée en s'augmentant, les guerriers ayant des devoirs déterminés, la défense de la communauté ; et les cérémonies du culte se trouvant plus compliquées, il fallut nécessairement un personnel plus nombreux, le père de famille devenant insuffisant à cette tâche. Dès lors, on choisit parmi les poètes, les chantres aimés de la foule, des sacrificateurs particuliers, voués au sacerdoce, qui devinrent une classe séparée, celle des Brahmes, ordre religieux ayant pris son nom, avons-nous dit, du nouveau culte, de Brahma.

Pour le culte nouveau, sept officiants étaient nécessaires. Ce n'était plus la famille particulière qui offrait l'holocauste, le sacrifice, mais la tribu tout entière. Et qu'offrait-on ? Ce qu'il y avait de plus précieux, le serviteur par excellence des tribus nomades, le cheval. Ce sacrifice sanglant servit de type plus tard à toutes les religions ; et en dernier lieu, au christianisme, dans la Cène lorsque Jésus, entouré de ses disciples, leur dit, avant de se séparer d'eux, leur présentant le pain et le vin de la Communion : « Mangez, ceci est mon corps ; buvez, ceci est mon sang. » La filiation saute aux yeux, et n'en est pas moins réelle, nonobstant l'éloignement de sa source originelle.

Depuis ces temps perdus dans la profondeur des âges, l'homme a toujours attaché une importance capitale au sacrifice sanglant. Tous les peuples, d'accord en ce point, ont tacitement reconnu que le sang, semence précieuse, source de la vie, était la seule offrande digne de racheter l'homme de ses péchés. C'est le sacrifice intime offert à la divinité; et la divinité a cru devoir se l'imposer à elle-même, afin de s'offrir en exemple à l'humanité tout entière, témoin le sacrifice de Jésus sur la croix et de tant d'autres victimes volontaires qui ont répandu leur sang par dévouement à leurs semblables.

La poursuite de l'Idéal, chacune de ses conquêtes laborieuses sur la force brutale et les iniquités de toutes sortes n'ont été obtenues que par le sang et dans le sang. Douloureuse expiation dont le calvaire du Golgotha fournit le plus sublime enseignement.

Lorsque le Védisme a commencé à se transformer et s'est fondu dans le Brahmanisme qui devait en conserver l'empreinte ineffaçable, aussi bien que les religions futures, cette révolution, car c'en était une des plus considérables, puisqu'elle a donné naissance aux castes dans l'Inde, cette révolution, disons-nous, eut un grand retentissement dans les pays d'origine Arienne.

Aussi l'époque où ce fait a eu lieu n'a pu manquer d'être consignée dans les annales de l'Inde et c'est ce qui a eu lieu. Ce fait est rappelé, sous forme de récit, de parabole, dans le Prasada ou poème des poèmes de l'époque Védique, qui contient l'histoire littéraire, philosophique et religieuse de l'Inde antique.

Nous avons cru devoir en présenter un abrégé succinct, dont personne ne méconnaîtra la moralité transcendante.

Un jour, raconte la légende, un homme pieux, au cœur simple et pur, conçut le dessein d'offrir un sacrifice à la Divinité. Pour le mettre à exécution, il prépara sa monture, la chargea de quelques produits du sol, des fruits, du blé, du miel, et se mit en route vers les hauts lieux.

Arrivé à l'endroit choisi par lui pour le sacrifice, il se mit en devoir de dresser un autel construit avec le gazon du chemin. Ce travail terminé, à peine avait-il eu le temps de disposer son oblation sur un tertre improvisé, qu'un homme qui se trouvait non loin, caché derrière des rochers, se présenta à ses regards d'un ton autoritaire, et lui dit : « Que fais-tu là ? » — L'homme pieux, au cœur pur, répondit : J'offre un sacrifice à la Divinité. — De quel droit, répliqua l'étranger ? Je te le défends. Je suis brahme, et seuls les brahmes ont mission de servir d'intermédiaire entre l'homme et Brahma. Obéis et dépose ton fardeau : tous les biens de la terre appartiennent au brahme.

A peine ces mots prononcés, un autre homme que dissimulaient des roches, s'avança à son tour et dit s'adressant au brahme : part à deux ! — Le brahme, interdit un moment, se récria alors, et plein d'orgueil, dit au nouveau venu : ne sais-tu pas, imprudent qui je suis ? Courbe toi devant mon autorité, devant le représentant direct de Dieu sur la terre. Crains ma colère. — Je ne te crains pas répliqua son interlocuteur, j'ai pour moi la force; je suis guerrier et je brise ceux qui me résistent.

Devant cette attitude le brahme emmena à

l'écart le guerrier ; et après un court col-
loque, il fut convenu entre eux qu'ils se parta-
geraient les dépouilles du pauvre homme, lequel
tremblant de tous ses membres, attendait avec
anxiété le résultat de ce débat.

Revenus près de lui, le brahme et le guerrier
lui commandèrent avec rudesse de porter sur
ses épaules le fardeau qu'il avait, en venant,
placé sur sa monture ; puis lui mettant une corde
au cou, ils l'emmenèrent sous leur tente. Le
guerrier s'attribua la possession de la monture
et de l'homme ; le brahme la possession des
oblations que l'homme pieux se disposait à
offrir à la Divinité.

Depuis ce jour, le droit divin et l'esclavage
régnèrent sur la terre par l'alliance du prêtre
et de l'homme de guerre.

A la suite de cette digression que nous
nous sommes permise, afin de bien préciser l'écart qui existait entre le Védisme
et le Brahmanisme ; malgré et contre tout,
l'esprit du culte védique, le culte d'Agni,
divin fils de Sourya (le soleil), a laissé des
traces tellement profondes dans l'Humanité,
qu'à travers les siècles et jusqu'aux temps plus

modernes, jusqu'à Platon qui avait étudié dans l'Inde les saints mystères, le soleil a toujours servi de comparaison, de symbole, à l'explication de l'inexplicable.

En veut-on la preuve manifeste ? Nous la fournirons par l'exposé d'un antique Oupanis-chad, répétition de la Savîtri, hymne fondamental du culte des Brahmes.

OUPANICHAD DES VÉDAS, CONNU SOUS LE NOM D'IVASIAM

« Ce **que le soleil** et la lumière sont pour ce **monde** visible, le Dieu suprême et la vérité le sont pour l'univers intellectuel et invisible. Et comme nos yeux corporels ont une perception claire des objets éclairés par le soleil, ainsi nos âmes acquièrent une connaissance certaine en méditant sur la lumière de la vérité, qui émane de l'Etre des êtres. C'est la seule lumière par laquelle nos âmes peuvent être conduites à la béatitude. Sans mains ni pieds, Il court rapidement et saisit fortement. *Il* voit tout. Sans oreilles, *Il* entend tout. *Il* connaît tout. Mais *Lui*, il n'est personne qui le connaisse. Le sage lui donne le nom de grand, de suprême, de tout pénétrant. »

La même idée se trouve reproduite dans le passage suivant du sixième livre de la République de Platon :

«.... Dieu est le soleil invisible qui éclaire le monde des idées; Dieu est le soleil de la vie. Mais ce soleil a sa lumière qui rayonne de lui et qui est lui. Ce que la lumière que nous appelons physique est au soleil, la lumière qui rayonne de Dieu l'est à Dieu .... » Platon appelle cette lumière rayonnant de Dieu, le Fils, en parfait accord en cela avec l'antique théologie. Dieu considéré comme le soleil en qui est cette lumière est appelé le Père par Platon : « Sachez donc que quand je parlais de la *production* du bien, j'avais en vue cette comparaison avec le soleil, où le fils a également une parfaite analogie avec son *père*. Le soleil est dans le lieu visible, par rapport à la vue et aux objets qu'elle perçoit, ce que le bien est dans le lieu idéal, par rapport à l'intelligence et aux êtres intelligibles. » (Il est hors de doute

que Platon entend par le *bien*, Dieu même,
puisqu'en continuant il ajoute) : « Pensez
aussi que les êtres intelligibles ne tiennent pas
seulement de Dieu leur intelligibilité, mais
encore leur être et leur essence, quoique le
Bien lui-même ne soit pas un être ou une
essence à la façon des autres êtres, mais quelque
chose bien au delà en dignité et en puissance. »

(Soleil, lumière, vue, œil, tels sont les quatre
termes distingués plus haut dans le phénomène
de la vision. Puis ce symbole pris de la vie,
transporté dans la vie, fait voir le phénomène
de Dieu communiquant avec les créatures au
moyen de quatre termes semblables : 1º Dieu
en tant qu'être appelé le Père ; 2º Dieu en tant
qu'émanant de lui-même et semblable à lui-
même, mais actif et créateur appelé le Fils ;
3º une pénétration de Dieu le Fils et de la créature appelée la vérité ; 4º enfin la créature elle-
même, ou ce que Platon appelle l'intelligence,
c'est-à-dire l'intelligence humaine. »

« De même, dit-il, que l'œil a été fait en quelque sorte par le soleil pour voir ce qu'éclaire le
soleil par le moyen de la lumière émanant de

ce soleil, et dans une certaine pénétration de cette lumière et de l'œil, qui est appelée vue ou vision, de même la créature a été faite par Dieu pour voir ce que Dieu ou l'Être révèle par le moyen de sa lumière ou de son Fils, et dans une certaine pénétration de cette créature et de cette divine lumière, laquelle pénétration est la science ou la vérité. Hors de là, nous ne voyons pas, c'est-à-dire que nous ne sommes pas dans la vie ; car nous ne voyons, nous ne saisissons que des ombres de l'être et non pas l'être. »

Ce remarquable passage de Platon est d'autant plus à noter que selon Pierre Leroux, qui, nous le croyons, est dans le vrai, il renferme la clef de toute la philosophie de Platon ; mais en même temps il identifie cette philosophie *par son sommet*, avec l'antique théologie de l'Egypte et de l'Inde, en même temps qu'il l'identifie avec la théologie du Verbe et de la Trinité du christianisme. Que fait en effet Platon dans cette analyse de l'acte de l'intelligibilité comparée à l'acte de la vision, sinon *commenter* pour ainsi dire la prière des Brahmes, l'hymne au Soleil, la *Savitri*.

Ce rapprochement entre la doctrine védique et la doctrine platonicienne nous paraît tellement évident, tellement accusé, qu'il ressort, s'il en est possible encore davantage, d'un passage d'un hymne du 10° chap. du Rig-Véda. Le voici dans sa teneur abrégée : ...... alors il n'existait ni être, ni non être, ni terre, ni ciel, ni quelque chose au-dessus, ni quelque chose au-dessous ; rien d'enveloppant, rien d'enveloppé ; ni solide, ni fluide ; tout était abîmes et ténèbres. La mort n'existait pas, la vie non plus. Pas de jour, pas de nuit. Mais celui-là respirait sans respiration et sans souffle, *seul* avec *celle* qu'il contient *identifiée* à lui. Rien autre que lui n'existait, rien de ce qui depuis a existé. Les ténèbres étaient là ; cet univers était enveloppé de ténèbres, et il était indistinctible comme sont des fluides mêlés ; mais cette masse où tout était cachée, fut organisée par la puissance de la méditation.

Un premier désir naquit au sein de l'intelligence et le désir fut l'impulsion productive originelle. *Cette impulsion, les sages la reconnaissent dans leur propre cœur.*

L'impulsion dont il est parlé et que les sages reconnaissent dans leur propre cœur, semble n'être autre chose que le *logos* de Platon et la *lumière* qui, d'après St-Jean, « *éclaire tout homme venant au monde.* » Il serait facile d'établir cette filiation, commençant d'abord par le Védisme, puis la continuant par le Brahmanisme, la religion de l'Avesta fondée par Zoroastre, le Krisnaïsme, le Budhisme, le Platonisme, l'école d'Alexandrie, pour aboutir enfin au Christianisme qui n'est à proprement parler que le résumé, la synthèse parfaite, consacrant l'union définitive des doctrines orientales avec celles de l'Occident.

Le Dieu des chrétiens sort des entrailles mêmes des conceptions ariennes. Si par quelques côtés, le christianisme a emprunté aux sources sémitiques, la caractéristique de sa doctrine, c'est-à-dire celle d'un Dieu universel, embrassant la gentilité tout entière, doctrine prêchée par St-Paul d'abord, ensuite par St-Jean, est tout à l'encontre des enseignements de St-Pierre, qui dans les premiers temps du prosélytisme n'aurait pas voulu rompre avec le Dieu exclusif et jaloux d'Israël.

En effet, la dialectique de Pierre tendait à conserver en entier au christianisme naissant, l'antique prééminence d'Israël sur tous les peuples, prééminence consacrée par les promesses messianiques des prophètes, promesses qui dans l'avenir, après l'accomplissement des prophéties, devaient assurer à Israël le premier rang parmi les nations, et la puissance effective sur tous les biens terrestres.

Le peuple juif, du reste, se prêtait mal aux hautes envolées métaphysiques. A en croire Burnouf (V. *Science des religions*), la structure même de son crâne s'y opposait et le portait de préférence à la recherche des biens plus effectifs de ce monde, avons-nous dit.

Son messianisme a toujours été terre à terre plus préoccupé de satisfactions tangibles ici-bas, que de notions idéales. Cela est si vrai, que dans la seule partie de l'ancien testament les premiers chapitres de la Genèse, du Béréschith, où il soit traité de métaphysique, il n'est fait aucune mention de l'immortalité de l'âme, doctrine capitale du christianisme provenant en son entier de la survivance des êtres, pierre angulaire des antiques religions orientales.

Nous devons nous arrêter ici avec l'exposé du Védisme, nous réservant dans une autre étude de poursuivre nos recherches sur l'époque qui a suivi, époque connue sous le nom de Brahmanisme et qui consacra dans le monde, à son profit exclusif, l'union du trône et de l'autel, c'est-à-dire le droit divin, de même que l'établissement des castes.

FIN.

TABLE DES MATIÈRES